하루 한 편 시편 묵상

1

이영숙의 성품큐티

하루 한 편
시편 묵상 1

초판 1쇄 2018년 11월 9일

지은이 이영숙
펴낸이 김희종

책임편집 강우정, 조은혜
디자인 윤지은

펴낸곳 LYS좋은나무성품학교
등록번호 제2016-000074호
등록일자 2016년 6월 16일
주소 서울시 송파구 백제고분로 187
전화 1577-3828
전자우편 goodtree@goodtree.or.kr
홈페이지 www.goodtree.or.kr

ⓒ이영숙, 2018
페이스북 • characterlee

ISBN 979-11-6326-048-6
      979-11-6326-047-9(세트)

하루 한 편 시편 묵상

시편에서 만나는 하나님의 성품

이영숙의 성품큐티

1

LYS 좋은나무성품학교

차 례

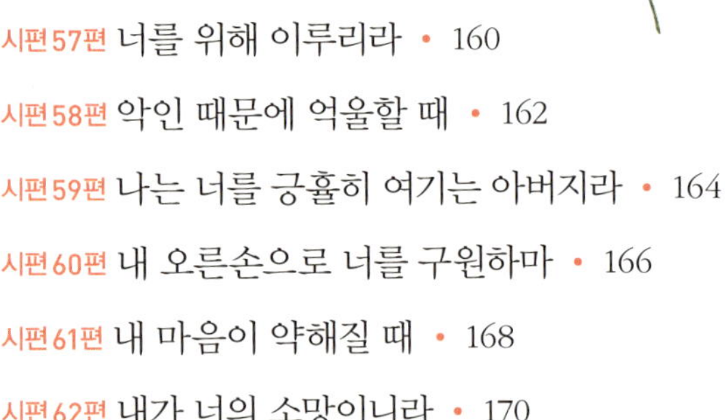

어릴 적 햇살이
좋은 날이면

어릴 적 햇살이 좋은 날이면 아버지는 집 안에 있는 우물가에 앉아 성경 이야기를 들려주시곤 했지요. 아담과 하와부터 모세 할아버지 이야기, 노아 할아버지 이야기와 에녹 이야기, 다윗과 예수님 이야기까지 쉴 틈 없이 술술 나오는 아버지의 이야기 보따리가 신기하기만 했는데 그 재미있는 스토리들이 '성경'이라는 책 한 권에 모두 담겨 있다는 것을 알게 된 후 부터는 성경을 무척 좋아하는 아이가 되어 버렸습니다.

파란색의 손바닥만한 작은 성경을 책가방 속에 넣고 다니면서 어디서나 꺼내 읽던 습관들이 하나님 나라를 탐구하는 사람으로 성장하게 만들었고, 구원받고 하나님의 자녀로 사는 특권을 누리는 사람이 되게 했습니다.

세상의 그 무엇보다도 '성경을 묵상하는 일'이 가장 소중

한 일임을 절감하기에 성경 속에 있는 하나님의 성품을 묵상하면서 '성품 큐티'를 만들었고, SNS로 나누던 글들이 모여 '성품 큐티 시리즈'가 되었습니다.

앞으로도 '성품 큐티 시리즈'를 통해 이 땅의 가정과 직장, 일터 곳곳에서 하나님의 성품을 자세히 알고 닮아가는 일들이 이루어지기를 소망합니다.

이영숙

산바람이 불어오는 창가에서

2018.11

시편으로 가는 길

시편은 많은 기독교인들에게 사랑 받는 성경말씀입니다.
하나님을 찬양할 수 있는 책이기 때문이지요.
시편의 히브리어 명칭은 '테힐림(Tehillim)'으로
'찬양', '찬양의 노래'라는 뜻을 갖고 있습니다.
한글개역 성경도 '시들의 책'이란 뜻을 살려
시편(詩篇)이라고 이름을 붙였습니다.

시편은 총 150편으로 이루어져 있고,
다섯 권의 책으로 나뉘어져 있습니다.
제1권은 시편 1편부터 41편까지이고,
제2권은 시편 42편부터 72편까지인데,
〈하루 한 편, 시편 묵상1〉은
시편 1편부터 72편까지 담겨 있습니다.

제1권은 대부분이 다윗이 지었거나,
다윗에게 바쳐진 것으로 얘기되고 있으며,
제2권은 다윗뿐만 아니라
고라 자손, 아삽, 솔로몬 등
다양한 저자가 쓴 것으로 알려져 있습니다.

제1권에는 죄로 인해 타락하고
하나님을 대적하는
인간의 모습이 드러나 있는 한편,
하나님께서 우리를 구원하시고
자녀 삼아주심으로써
인간으로서의 진짜 행복을
가르쳐 주시는 내용이 담겨 있습니다.

제2권은 애굽을 탈출한 이스라엘 민족의
멸망, 구속, 회복에 대한 이야기입니다.
포기하지 않으시고 끝까지 사랑하시는
하나님의 좋으신 성품이 나타나 있습니다.

시편에는 커다란 두 축이 있습니다.
바로, ‘찬양’과 ‘탄식’입니다.
시편의 저자들은 자신이 믿고 겪은
하나님의 높고 위대하심을 다양하게 찬양합니다.

“나는 주의 힘을 노래하며
아침에 주의 인자하심을 높이 부르오리니
주는 나의 요새이시며
나의 환난 날에 피난처심이니이다”(시 59:16)

또한 어렵고 좌절한 상황에서
자신의 감정을 하나도 숨기지 않고,
내면의 탄식을 다 꺼내어 하나님께 아룁니다.
마치 우리네의 기도처럼 들릴 정도로 생생하지요.

“내가 지존하신 하나님께 부르짖음이여
곧 나를 위하여
모든 것을 이루시는 하나님께로다”(시 57:2)

이렇게 시편 곳곳에 숨어있는 찬양과 탄식은
오늘날의 수많은 신앙인들에게
많은 깨달음과 위로를 줍니다.

하루에 한 편씩, 시편 묵상을 통하여
날마다 좋으신 하나님의 성품을
더 가까이 닮아가는 발걸음을 내딛길
소망합니다.

언제나 내 곁에
있었으면 좋겠구나

시편 1:1-2 복 있는 사람

1 복 있는 사람은 악인들의 꾀를 따르지 아니하며 죄인들의
  길에 서지 아니하며 오만한 자들의 자리에 앉지 아니하고

2 오직 여호와의 율법을 즐거워하여 그의 율법을 주야로 묵
  상하는도다

성품묵상

복 있는 사람은

복의 근원자 되신 그분과 친밀한 사람입니다.

복 있는 사람은

하나님이 없다고 주장하는

이 시대의 풍조와 문화를 따르지 않습니다.

아무리 좋아 보여도

주님을 등지는 길을 선택하지 않습니다.

자기 힘을 자랑하는 자들과 함께하지 않고

주를 의지하는 겸손한 태도로 삽니다.

억지로가 아니라 날마다 새로운 보물을 찾듯

말씀으로 새날을 여는 습관을 갖습니다.

아침에 읽은 말씀을 온종일 기억하며

생각해 보고 적용합니다.

언제나 하나님 곁에 있는 사람이

복 있는 사람입니다.

성품 브리지 Character bridge

'복 받는 3-2 법칙'을 내 삶에 어떻게 적용할 수 있을까요? 질문에 답하면서 오늘의 성품을 결단해 보세요.

'복 받는 3-2 법칙'

3 악인의 꾀, 죄인의 길, 오만함을 선택하지 않습니다.

2 말씀을 즐기고 말씀 묵상을 선택합니다.

기도

주님! 복 있는 사람으로 살게 하소서. 복 받는 3-2 법칙을 마음에 새기고 매일 복을 얻기 위해 '하지 말아야 할 3가지'와 '해야 할 2가지'를 실천하는 사람이 되게 하소서.

아버지인 내게 구하렴

시편 2:7-8 내게 구하라

7 내가 여호와의 명령을 전하노라 여호와께서 내게 이르시되
너는 내 아들이라 오늘 내가 너를 낳았도다

8 내게 구하라 내가 이방 나라를 네 유업으로 주리니 네 소유
가 땅 끝까지 이르리로다

성품묵상

"내게 구하라"
여호와의 명령입니다.

오늘 하나님이 우리에게 명하신 것은,
여호와 하나님께 구하는 것입니다.

하나님은 이방 나라까지 유업으로 주신다고 약속하십니다.
우리의 소유가 땅끝까지 이르기를 원하시는
아버지이십니다.

"너는 내 아들이라! 너는 내 딸이라!
오늘 내가 너를 낳았도다"
우리에게 모든 것을 주기 원하시는 아버지이십니다.

너는 내 아들이라
오늘 내가 너를 낳았도다

너는 내 아들이라
오늘 내가 너를 낳았도다

기도

주님! 오늘 "내가 너를 낳았도다" 하신 말씀대로 날마다 새롭게 태어나는 사녀다운 삶을 살게 하소서. 오늘 주신 명령대로 간구합니다. 이방의 땅을 우리에게 주옵소서. 열방 속에 주님의 성품을 심게 하소서. 우리 소유가 땅 끝까지 이르러 풍성한 영향력 속에 사는 주의 자녀가 되게 하옵소서. 아멘!

너의 목소리를
언제나 듣는단다

시편 3:4-6 경청하시는 하나님Ⅰ

4 내가 나의 목소리로 여호와께 부르짖으니 그의 성산에서

　응답하시는도다 (셀라)

5 내가 누워 자고 깨었으니 여호와께서 나를 붙드심이로다

6 천만인이 나를 에워싸 진 친다 하여도 나는 두려워하지 아

　니하리이다

성품묵상

아가의 소리를 집중해서 듣는 섬세한 어머니처럼

오늘도 나의 목소리를 경청해 주시는

하나님 아버지이십니다.

경청이란 '상대방의 말과 행동을 잘 집중하여 들어

상대방이 얼마나 소중한지 인정해 주는 것'

(좋은나무성품학교 정의)입니다.

우리의 부르짖음에

성품 브리지 Character bridge

경청은 사랑입니다. 나는 요즘 다른 사람의 말을 얼마나 경청하고 있나요? 나의 경청 지수를 진단해 보세요.
(아니다: 0점 / 보통: 1점 / 매우 그렇다: 2점)

1 평상시에 상대방과 눈을 맞추며 이야기합니다. ☐
2 상대방이 이야기 할 때 끼어들지 않습니다. ☐
3 생각이 다르더라도 끝까지 들으려 노력합니다. ☐
4 상대방의 이야기에 적절한 맞장구를 칩니다. ☐
5 상대방의 감정을 고려하면서 내 생각과 느낌을 말합니다. ☐

내 점수는? _________

점수가 높을수록, 경청을 잘 실천하고 있는 것입니다.

기도

나의 부르짖음을 들으시고 응답해 주옵소서.

새 날의
기쁨을 주마

시편 4:7-8 기쁨

7 주께서 내 마음에 두신 기쁨은 그들의 곡식과 새 포도주가

　풍성할 때보다 더하니이다

8 내가 평안히 눕고 자기도 하리니 나를 안전히 살게 하시는

　이는 오직 여호와이시니이다

성품묵상

주께서 내 마음에 두신 기쁨은

이 세상 어떤 것보다도 더 귀한 가치입니다.

그분이 주신 기쁨은

어떠한 상황이나 형편 속에서도 무너지지 않는

진정한 기쁨입니다.

날마다 새날을 허락하시고 새로운 것들로 채우시는

그분의 존재에서 오는 고귀한 사랑입니다.

기쁨이란,

'어려운 상황이나 형편 속에서도 불평하지 않고

즐거운 마음을 유지하는 태도'

(좋은나무성품학교 정의)입니다.

하나님이 주신 기쁨 덕분에

어려운 상황 속에서도

평안히 눕고, 깊은 잠을 자며

마음에 기운이 넘치는 새날을 살아갈 수 있습니다.

성품 브리지 Character bridge

하나님이 주시는 기쁨을 누리기 위해 우리가 내려놓아야

할 두려움은 무엇인가요?

기도

주님! 주께서 부어주신 사랑은 나의 자존감이 되고 정체성이 되어

상황이나 환경을 뛰어넘는 기쁨이 됩니다. 그 사랑 덕분에 평안히

눕고 잠을 자게 해주셔서 고맙습니다. 오늘도 새날을 주신 기쁨으

로 평강 속에 살겠습니다. 아멘!

작은 신음에도
응답한단다

시편 5:2-3, 7 경청하시는 하나님Ⅱ

2 나의 왕, 나의 하나님이여 내가 부르짖는 소리를 들으소서

　 내가 주께 기도하나이다

3 여호와여 아침에 주께서 나의 소리를 들으시리니 아침에

　 내가 주께 기도하고 바라리이다

7 오직 나는 주의 풍성한 사랑을 힘입어 주의 집에 들어가

　 주를 경외함으로 성전을 향하여 예배하리이다

성품묵상

기도는 우리의 왕이시고

하나님이신 그분께 드리는 것입니다.

그분은 우리의 부르짖음을 들으시는

경청의 왕, 바로 우리의 아버지이십니다.

아침에 드리는 기도가 날마다 새로운 이유는

나의 심정을 헤아려 주시는 그분이

나의 작은 신음에도 귀를 기울여 주시기 때문입니다.

경청하시는 하나님을

더욱 의지하면서 나의 간구를 부르짖을 때

방패와 같은 은혜로 나를 호위해 주십니다.

기도

주님! 아침마다 드리는 나의 기도를 응답해 주셔서 감사합니다! 경청의 왕이신 하나님 아버지께 매일 나의 소리를 올리는 기도의 습관을 놓치지 않게 하옵소서. 아멘!

나의 허물을
자백해야 할 때

시편 6:1-10 내 기도를 받으시리로다

1 여호와여 주의 분노로 나를 책망하지 마시오며 주의 진노로 나를 징계하지 마옵소서

2 여호와여 내가 수척하였사오니 내게 은혜를 베푸소서 여호와여 나의 뼈가 떨리오니 나를 고치소서

3 나의 영혼도 매우 떨리나이다 여호와여 어느 때까지니이까

4 여호와여 돌아와 나의 영혼을 건지시며 주의 사랑으로 나를 구원하소서

5 사망 중에서는 주를 기억하는 일이 없사오니 스올에서 주께 감사할 자 누구리이까

6 내가 탄식함으로 피곤하여 밤마다 눈물로 내 침상을 띄우
며 내 요를 적시나이다

7 내 눈이 근심으로 말미암아 쇠하며 내 모든 대적으로 말미
암아 어두워졌나이다

8 악을 행하는 너희는 다 나를 떠나라 여호와께서 내 울음
소리를 들으셨도다

9 여호와께서 내 간구를 들으셨음이여 여호와께서 내 기도를
받으시리로다

10 내 모든 원수들이 부끄러움을 당하고 심히 떨이여 갑자기
부끄러워 물러가리로나

성품묵상

숨겨진 허물이 드러날 때

감추고 싶은 수치가 세상에 드러날 때

당신은 무엇을 선택하나요?

다윗은 자신의 죄를 회개하는 기도를 드리며

기도를 들으시는 하나님의 '경청의 성품'을 노래합니다.

유명한 이들의 죄악이 어떤 사건으로 세상에 드러날 때,

어떤 이들은 자살로 자신의 수치를 피하고

어떤 이들은 극구 부인함으로 더 큰 경멸을 당합니다.

그러나 다윗은 자신을 하나님께로 돌이키며

'여호와여 돌아와 나의 영혼을 건지시며

주의 사랑으로 구원하소서'라고 기도합니다.

자신을 깊은 수렁에서 건질 힘이

여호와께 있다는 것을 알고 있었기 때문입니다.

다윗은 가장 긍정적인 선택이

하나님께 기도하는 것이라고 확신했습니다.

긍정적인 태도란 '어떠한 상황에서도
가장 희망적인 생각, 말, 행동을 선택하는 마음가짐'
(좋은나무성품학교 정의)입니다.
우리가 선택할 수 있는 가장 희망적인 태도는
하나님께 드리는 '기도'입니다.

우리의 연약함을 경청하시는
여호와 하나님께 자백할 때
우리는 훌훌 털어내며 다시 일어서는
긍정적인 태도를 선택할 수 있습니다.
희망은 언제나 하나님 아버지께 있기 때문입니다.

기도

우리의 죽음 같은 고통을 들어주셔서 감사드리고, 승리하
며 사는 인생이 되도록 좋은 성품을 선택하는 길을 가르
쳐 주셔서 감사합니다.

* 감동적인 성경 말씀을 써보세요.

너의 방패가
되어줄게

시편 7:10, 12, 17 나의 방패이신 하나님

10 나의 방패는 마음이 정직한 자를 구원하시는 하나님께 있
도다

12 사람이 회개하지 아니하면 그가 그의 칼을 가심이여 그의
활을 이미 당기어 예비하셨도다

17 내가 여호와께 그의 의를 따라 감사함이여 지존하신 여호
와의 이름을 찬양하리로다

성품묵상

살다가 억울한 일을 당하거나
힘든 일을 겪게 될 때,
여호와 하나님이 우리의 방패가 되십니다.

그분은 정직의 영이시기에
옳은 것은 옳은 것으로,
아닌 것은 아닌 것으로
공평하고 의롭게 분별하십니다.

정직이란
'어떠한 상황에서도 생각, 말, 행동을
거짓 없이 바르게 표현하여
신뢰를 얻는 것'(좋은나무성품학교 정의)입니다.
공의로운 성품의 여호와 하나님이
우리의 방패입니다.

각 사람의 의를 따라 분별해 주시는
그분이 계시기에
오늘도 평강 속에 살 수 있습니다.
오늘도 정직하신 하나님을

찬양하고 감사하는 삶이 되길 소망합니다.

성품 브리지 Character bridge

시편 7편 10절처럼 하나님은 정직한 자를 구원하십니다.
어제 우리는 얼마나 정직했나요? 나의 정직 지수를 진단
해 보세요.

(아니다: 0점 / 보통: 1점 / 매우 그렇다: 2점)

1 잘못을 무마하기 위해 거짓말을 하지 않았습니다. ⬜

2 교통 신호나 규칙을 잘 지켰습니다. ⬜

3 남이 보지 않는 곳에서도 최선을 다했습니다. ⬜

4 다른 사람의 물건을 허락 없이 사용하지 않았습니다. ⬜

5 나를 합리화하기 위해 스스로에게 거짓말을 하지 않았습니다. ⬜

내 점수는? ________

점수가 높을수록, 정직을 잘 실천하고 있는 것입니다.

기도

주님! 내게 악하게 한 자들을 기억하여 주옵소서. 나의 억울함을 오
랫동안 품지 말고 분별하시는 하나님 아버지께 맡기는 믿음을 갖
게 하소서. 아멘!

너를 일으켜
세우리라

시편 8:1-2 아름다운 주님의 이름

1 여호와 우리 주여 주의 이름이 온 땅에 어찌 그리 아름다
   운지요 주의 영광이 하늘을 덮었나이다
2 주의 대적으로 말미암아 어린 아이들과 젖먹이들의 입으로
   권능을 세우심이여 이는 원수들과 보복자들을 잠잠하게
   하려 하심이니이다

성품묵상

세상에서 가장 아름다운 가치는 '주의 이름'입니다.

아름다운 주의 이름은

하나님이 만드신 땅과 하늘에 펼쳐져 있습니다.

주의 권능은 약한 자를 일으켜

주의 뜻을 행하게 하심으로

자신이 하나님이심을 증명하십니다.

오늘도 어린아이들과 젖먹이 같은 나를 사용하시어 주의 뜻을 펼치시는 기적 같은 날 되길 소원합니다.

성품 브리지 Character bridge

우리 주변의 자연을 관찰하며 자연에 새겨진 '주의 이름'을 발견해 보세요. 주님의 영광을 느끼는 멋진 시간이 될 것입니다.

기도

약한 자를 세우셔서 주의 뜻을 이루소서. 오늘도 주의 이름을 높이는 귀한 날 되게 하소서. 아멘!

너를 결코
버리지 않으리라

시편 9:8-10 나의 피난처, 공의로우신 하나님

8 공의로 세계를 심판하심이여 정직으로 만민에게 판결을 내
리시리로다

9 여호와는 압제를 당하는 자의 요새이시요 환난 때의 요새
이시로다

10 여호와여 주의 이름을 아는 자는 주를 의지하오리니 이는
주를 찾는 자들을 버리지 아니하심이니이다

성품묵상

정직이란 '어떠한 상황에서도 생각, 말, 행동을
거짓 없이 바르게 표현하여 신뢰를 얻는 것'
(좋은나무성품학교 정의)입니다.

하나님의 정직한 성품을 아는 사람들은
안심하면서 그분을 사랑하고 신뢰합니다.
하나님은 자신을 찾는 자들을

절대로 버리지 않는 분이심을 알기 때문입니다.

힘들고 지칠 때, 어디로 가야 피난처가 있을까요?
가장 안전한 피난처는 하나님이 계시는 그곳입니다.
정직과 공의가 살아있는 그곳이 안전한 피난처입니다.

기도

공의롭게 세계를 심판하시고, 정직하게 판결을 내리시는 주님을 찬
양합니다. 아버지의 성품 덕분에 어려운 상황에서도 주님을 의지하
고 피난처로 삼을 수 있습니다. 주를 의지하고 주를 찾는 자를 버리
지 아니하시고 정직하고 공평하게 우리를 대접하시기 때문입니다.
날마다 신실하신 아버지를 의지하며 평안 가운데 살게 하옵소서.
아멘!

'하나님이 없다' 하는
세상에서

시편 10:4, 12, 13, 16 주께서 왕이심을 보이소서

4 악인은 그의 교만한 얼굴로 말하기를 여호와께서 이를 감찰하지 아니하신다 하며 그의 모든 사상에 하나님이 없다 하나이다

12 여호와여 일어나옵소서 하나님이여 손을 드옵소서 가난한 자들을 잊지 마옵소서

13 어찌하여 악인이 하나님을 멸시하여 그의 마음에 이르기를 주는 감찰하지 아니하리라 하나이까

16 여호와께서는 영원무궁하도록 왕이시니 이방 나라들이 주의 땅에서 멸망하였나이다

성품묵상

‘하나님이 없다’ 하는 세상에서
주님이 일어나시길 바라는
시편 기자의 마음이 우리의 기도가 됩니다.
지금도 하나님을 무시하며 없다고 여기는 문화가
넘쳐나고 있습니다.

‘왕을 대적하며 교만을 떠는 모든 악한 자들에게
주님! 일어나소서!’
이 기도가 오늘도 이어지길 소망합니다.

기도

주는 만국을 다스리시는 유일한 만왕의 왕이십니다!
주의 권위와 명철과 지혜를 찬양합니다. 아멘!

너를 언제나
보고 있단다

시편 11:1, 4, 7 정직한 자는!

1 내가 여호와께 피하였거늘 너희가 내 영혼에게 새 같이 네
   산으로 도망하라 함은 어찌함인가

4 여호와께서는 그의 성전에 계시고 여호와의 보좌는 하늘
   에 있음이여 그의 눈이 인생을 통촉하시고 그의 안목이 그
   들을 감찰하시도다

7 여호와는 의로우사 의로운 일을 좋아하시나니 정직한 자
   는 그의 얼굴을 뵈오리로다

성품묵상

다윗이 사울에게 생명의 위협을 느끼면서
도피하는 중에 쓴 노래입니다.
주변 사람들은 위기에 처한 다윗에게
도와줄 다른 사람을 찾으라고 조언합니다.

그러나 다윗은
"정직한 자는 그 얼굴을 뵈오리다"라고 노래합니다.
하나님의 얼굴을 구하는 정직한 자를
구원해 주시는 하나님을 신뢰한 것입니다.

다윗은 하나님의 성품을 확신하고 있었기 때문에
흔들리지 않는 믿음으로 승리할 수 있었습니다.
우리는 얼마나 그분의 성품을 알고 있나요?
좋으신 하나님의 성품을 얼마나 확신하고 있나요?

기도

주님! 매일 매일 돌보시는 하나님 아버지와의 친밀함으로 고난 속
에서도 변치 않는 하늘의 승리를 선포하게 하옵소서. 아멘!

내가 이제
일어나리라

시편 12:1, 5, 7 이제 일어나

1 여호와여 도우소서 경건한 자가 끊어지며 충실한 자들이
  인생 중에 없어지나이다

5 여호와의 말씀에 가련한 자들의 눌림과 궁핍한 자들의 탄
  식으로 말미암아 내가 이제 일어나 그를 그가 원하는 안전
  한 지대에 두리라 하시도다

7 여호와여 그들을 지키사 이 세대로부터 영원까지 보존하시
  리이다

성품묵상

다윗은 경건한 자들이 끊어지고

아첨하고 비열한 자들이 넘치는 현실을 아파하며

'여호와여 도우소서'라고 부르짖습니다.(1절)

그의 간구는 헛되지 않았습니다.

하나님은 '내가 이제 일어나'(5절) 라고 말씀하시며

행동으로 옮기신다고 응답하셨습니다.

완전하신 하나님의 성품이

자신을 신뢰하고 의지하는 자들을

안전지대에 두셔서 영원히 보호하신다고 약속하십니다.

기도

주님! 이 시대에 악한 사람들이 많을지라도 주님 뜻대로 살려고 히
는 주의 자녀들을 보호해 주셔서 감사합니다. 믿는 자들이 하나님
의 성품으로 이 시대를 승리할 수 있도록 지켜주소서.

＊감동적인 성경 말씀을 써보세요.

사랑을
의지하여 인내하렴 ♥

시편 13:1-6 나의 눈을 밝히소서

1 여호와여 어느 때까지니이까 나를 영원히 잊으시나이까 주
의 얼굴을 나에게서 어느 때까지 숨기시겠나이까

2 나의 영혼이 번민하고 종일토록 마음에 근심하기를 어느
때까지 하오며 내 원수가 나를 치며 자랑하기를 어느 때까
지 하리이까

3 여호와 내 하나님이여 나를 생각하사 응답하시고 나의 눈
을 밝히소서 두렵건대 내가 사망의 잠을 잘까 하오며

4 두렵건대 나의 원수가 이르기를 내가 그를 이겼다 할까 하
오며 내가 흔들릴 때에 나의 대적들이 기뻐할까 하나이다

5 나는 오직 주의 사랑을 의지하였사오니 나의 마음은 주의
구원을 기뻐하리이다

6 내가 여호와를 찬송하리니 이는 주께서 내게 은덕을 베푸
심이로다

성품묵상

세상이 혼란스럽고 진리를 짓밟을 때
"어느 때까지이니까?"라는
탄식이 절로 나옵니다.

교묘하게 진리를 부정하고
가짜가 진짜처럼 둔갑하는
이 시대 속에서
"나의 눈을 밝히사
사망의 잠을 자지 않게 해달라"는
시편 기자의 간구가 나의 기도가 됩니다.

그러나 마지막 시편 기자의 노래처럼
궁극적인 승리는 여호와 하나님께 있기에
오직 그분의 사랑과 은혜를 의지하며
찬양할 수밖에 없습니다.

우리가 고통 중에
기뻐할 수 있는 이유도 여기에 있습니다.

'어느 때까지이니까?'라고 탄식할 만큼 고통스러운 상황을 이겨내기 위해서는 하나님의 사랑을 의지하여 인내하는 성품이 필요합니다. 인내를 잘 배우고 실천할 수 있는 방법에는 '인내의 STAR 법칙'이 있습니다.

인내의 STAR 법칙

Stop: 잠시 하던 행동을 멈춥니다.

Think: 자기가 하려던 행동이나 방법에 대해

생각할 시간을 가집니다.

Act Right: 올바르게 행동합니다.

일상생활에서 인내의 성품이 필요한 순간에

'인내의 STAR 법칙'을 사용해 보세요!

기도

주님! 오늘도 주의 사랑과 도우심을 의지하여 우리 앞에 있는 고난을 뛰어넘게 하옵소서.

이 세상 속에서 흔들리지 않도록 굳센 믿음 주시고 번민과 고통 속에서 우리 눈을 밝히사 주의 뜻을 알게 하소서. 아멘!

너의 피난처가 되길
원한단다

시편 14:1-7 어리석은 자

1 어리석은 자는 그의 마음에 이르기를 하나님이 없다 하는
도다 그들은 부패하고 그 행실이 가증하니 선을 행하는 자
가 없도다

2 여호와께서 하늘에서 인생을 굽어살피사 지각이 있어 하
나님을 찾는 자가 있는가 보려 하신즉

3 다 치우쳐 함께 더러운 자가 되고 선을 행하는 자가 없으니
하나도 없도다

4 죄악을 행하는 자는 다 무지하냐 그들이 떡 먹듯이 내 백
성을 먹으면서 여호와를 부르지 아니하는도다

5 그러나 거기서 그들은 두려워하고 두려워하였으니 하나님
이 의인의 세대에 계심이로다

6 너희가 가난한 자의 계획을 부끄럽게 하나 오직 여호와는
그의 피난처가 되시도다

7 이스라엘의 구원이 시온에서 나오기를 원하도다 여호와께
서 그의 백성을 포로된 곳에서 돌이키실 때에 야곱이 즐거
워하고 이스라엘이 기뻐하리로다

성품묵상

어리석은 자는 하나님이 없다고 믿는 사람들입니다.

마음껏 죄의 낙을 누리며 자신이 주인 되어 살지만,

그 깊은 내면에는 두려움이 가득합니다.

하나님은 자신을 간절히 찾고

의지하는 사람을 기뻐하십니다.

오늘도 우리는 피난처가 되어주시는

하나님으로 인해 평강 속에서 기뻐할 수 있습니다.

격정과 두려움이 가득 차있을 때가,
바로 하나님 앞에 나아갈 때이다.

격정과 두려움이 가득 차있을 때가,
바로 하나님 앞에 나아갈 때이다.

기도

주님! 하나님이 없다고 믿는 어리석은 사람이 되지 않게 하시고 일평

생 주님의 이름을 부르며 의지하고 사는 사람이 되게 하소서. 아멘!

나의 장막에
머물길 바란다

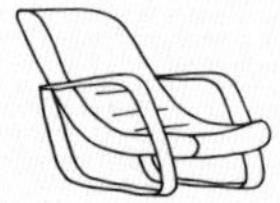

시편 15:1-5 성산에 사는 자

1 여호와여 주의 장막에 머무를 자 누구오며 주의 성산에 사는 자 누구오니이까

2 정직하게 행하며 공의를 실천하며 그의 마음에 진실을 말하며

3 그의 혀로 남을 허물하지 아니하고 그의 이웃에게 악을 행하지 아니하며 그의 이웃을 비방하지 아니하며

4 그의 눈은 망령된 자를 멸시하며 여호와를 두려워하는 자들을 존대하며 그의 마음에 서원한 것은 해로울지라도 변하지 아니하며

5 이자를 받으려고 돈을 꾸어 주지 아니하며 뇌물을 받고 무죄한 자를 해하지 아니하는 자이니 이런 일을 행하는 자는 영원히 흔들리지 아니하리이다

성품묵상

주의 장막에 머무는 사람,

주님과 친밀함을 누리며 사는 사람에게는 특징이 있답니다.

* 해야 할 것과 하지 말아야 할 것을 분별하는 사람

* 입으로 남을 비방하거나 험담하지 않는 사람

* 함부로 행동하는 사람에게 거리를 두고

  하나님의 사람을 존중하는 사람

* 서원한 것은 해가 되더라도 꼭 하는 사람

* 돈놀이하지 않는 사람

* 무죄한 사람을 억울하게 하지 않는 사람

주의 장막에 머무르는 사람의 6가지 특징입니다.

이런 사람의 인생은 견고하고 안전합니다.

오늘 저도 이런 사람이 되고 싶습니다.

기도

주님! 주의 장막 안에 거하는 자, 주의 성산에 머무는 자가 되게 하

소서. 아멘!

내가 너의
오른쪽에 있단다

시편 16:5-11 **일터 사역**

5 여호와는 나의 산업과 나의 잔의 소득이시니 나의 분깃을
  지키시나이다

6 내게 줄로 재어 준 구역은 아름다운 곳에 있음이여 나의 기
  업이 실로 아름답도다

7 나를 훈계하신 여호와를 송축할지라 밤마다 내 양심이 나
  를 교훈하도다

8 내가 여호와를 항상 내 앞에 모심이여 그가 나의 오른쪽에
  계시므로 내가 흔들리지 아니하리로다

9 이러므로 나의 마음이 기쁘고 나의 영도 즐거워하며 내 육
  체도 안전히 살리니

10 이는 주께서 내 영혼을 스올에 버리지 아니하시며 주의 거
   룩한 자를 멸망시키지 않으실 것임이니이다

11 주께서 생명의 길을 내게 보이시리니 주의 앞에는 충만한
   기쁨이 있고 주의 오른쪽에는 영원한 즐거움이 있나이다

성품묵상

하나님은 지금도 일하고 계시는 만물의 주인이십니다.
그래서 우리가 일하는 것을 기뻐하시며
일하는 사람들을 축복하십니다.
일을 통하여 하나님 형상을 나타내는 일터 사역자를
찾으시고 그 산업의 몫을 지키십니다.

나에게 허락해 주신 직장과 산업은 아름다운 것입니다.
주님을 모시고 일하는 그 터는
안전하고 흔들리지 않습니다.

주님을 앞에 모시고 일할 때,
앞에는 충만한 기쁨,
오른쪽에는 영원한 즐거움이 있습니다.

기도

주님! 나의 기업이 실로 아름답다고 말씀해 주신 주님을 찬양합니
다. 날마다 주님의 훈계를 들으며 바른 삶을 살아가는 일터 사역자
가 되게 해 주옵소서.

내가 눈동자 같이
너를 지킨단다

시편 17:6–9 눈동자 같이 지키시는 하나님

6 하나님이여 내게 응답하시겠으므로 내가 불렀사오니 내게
　귀를 기울여 내 말을 들으소서

7 주께 피하는 자들을 그 일어나 치는 자들에게서 오른손으
　로 구원하시는 주여 주의 기이한 사랑을 나타내소서

8 나를 눈동자 같이 지키시고 주의 날개 그늘 아래에 감추사

9 내 앞에서 나를 압제하는 악인들과 나의 목숨을 노리는 원
　수들에게서 벗어나게 하소서

성품묵상

우리를 눈동자같이 지키시고
주의 날개 그늘 아래 감추시고
보호하시는 하나님을 찬양합니다.
우리를 압박하는 모든 문제에서 건지시고
해결자가 되어주시는 하나님을 의지하고 신뢰합니다.

오늘 하루, 하나님께 기도 제목과 염려를
모두 말씀드려 보세요. 모든 것을 아뢰면
주의 날개 그늘에서 쉴 수 있답니다.

기도

주님! 눈동자 같이 이 나라와 우리 가정과 산업과 우리 영혼을 지
켜주옵소서. 주의 날개 그늘 아래 피하오니 모든 전쟁의 위협에서
건져주시고 모든 어둠의 압제에서 건져주옵소서. 아멘!

네 길을
완전하게 하겠다

시편 18:32-36 완전케 하시는 주님

32 이 하나님이 힘으로 내게 띠 띠우시며 내 길을 완전하게
하시며

33 나의 발을 암사슴 발 같게 하시며 나를 나의 높은 곳에 세
우시며

34 내 손을 가르쳐 싸우게 하시니 내 팔이 놋 활을 당기도다

35 또 주께서 주의 구원하는 방패를 내게 주시며 주의 오른손
이 나를 붙들고 주의 온유함이 나를 크게 하셨나이다

36 내 걸음을 넓게 하셨고 나를 실족하지 않게 하셨나이다

성품묵상

하나님은 우리를 위해 이렇게 일하십니다.

* 우리에게 하나님의 능력을 주셔서 주의 뜻에
합당한 길을 걷게 하십니다.

* 나의 발이 암사슴 발처럼 높은 곳을 가볍고
  정확하게 딛고 달려가게 하십니다.
* 어디로 갈지 정확한 목표를 갖고 정확하게
  승리할 수 있도록 능력을 주십니다.
* 구원의 방패를 주시고 나를 붙들어
  큰사람이 되게 하십니다.
* 내 지경을 넓게 하시고 실족하지 않게 도우십니다.

이렇게 내 길을 완전케 하시는 주님을
오늘도 신뢰하고 나아갑니다.

기도

주님! 오늘도 내 발이 암사슴 발처럼 높은 곳을 향해 가볍고 정확
하게 달려가게 하옵소서. 주께서 주시는 힘으로 세상을 이기게 하
시며 주의 뜻 안에서 완전한 길을 걷게 하소서. 아멘!

*감동적인 성경 말씀을 써보세요.

내 말을
사모해 주렴

시편 19:7-10, 14 순금보다 더 사모할 것

7 여호와의 율법은 완전하여 영혼을 소성시키며 여호와의 증거는 확실하여 우둔한 자를 지혜롭게 하며

8 여호와의 교훈은 정직하여 마음을 기쁘게 하고 여호와의 계명은 순결하여 눈을 밝게 하시도다

9 여호와를 경외하는 도는 정결하여 영원까지 이르고 여호와의 법도 진실하여 다 의로우니

10 금 곧 많은 순금보다 더 사모할 것이며 꿀과 송이꿀보다 더 달도다

14 나의 반석이시요 나의 구속자이신 여호와여 내 입의 말과 마음의 묵상이 주님 앞에 열납되기를 원하나이다

성품묵상

여호와의 말씀은 영혼을 소생시키고
우둔한 사람을 지혜롭게 합니다.
말씀이 완전하고 확실하기 때문입니다.

여호와의 말씀은
우리의 마음을 기쁘게 하고
눈을 밝게 하여 분별하게 합니다.
그분의 계명이 정직하고 순결하기 때문입니다.

영원까지 가치 있고 이로운 것이
하나님 아버지의 말씀입니다.

금보다 더 사모할 것은
여호와의 말씀뿐입니다.
날마다 말씀을 사모함으로
그분 안에 거하길 소망합니다.

주의 말씀을 금은보화보다 더 사모하려면, 다른 것보다 말씀을 선택하려는 '절제의 성품'이 필요합니다. 말씀을 읽기 위해 내가 절제해야 하는 것은 무엇인지 생각해 보세요.

절제란, 내가 하고 싶은 대로 하지 않고
꼭 해야 할 일을 하는 것(좋은나무성품학교 정의)입니다.

기도

주님! 날마다 주의 말씀으로 우리의 영혼을 지키게 하시며 금보다 더 사모하게 하옵소서. 우리 입의 모든 말과 마음의 생각까지도 주님을 닮아가길 소원합니다. 아멘!

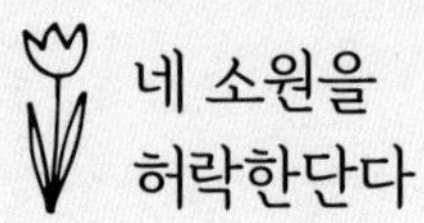

네 소원을 허락한단다

시편 20:4-5, 7 하나님을 자랑하는 삶

4 네 마음의 소원대로 허락하시고 네 모든 계획을 이루어 주
   시기를 원하노라

5 우리가 너의 승리로 말미암아 개가를 부르며 우리 하나님
   의 이름으로 우리의 깃발을 세우리니 여호와께서 네 모든
   기도를 이루어 주시기를 원하노라

7 어떤 사람은 병거, 어떤 사람은 말을 의지하나 우리는 여호
   와 우리 하나님의 이름을 자랑하리로다

성품묵상

'네 소원을 허락한단다'
마음으로 하나님께 이런 결재를 받고 사는 사람은
힘이 납니다.
컨펌 받은 인생의 기쁨입니다.

우리 마음의 소원대로 허락하시고

우리의 기도대로 이루시는

하나님의 이름을 깃발 삼아,

승리의 노래를 부르며

앞으로 나아가는 인생이 되시길 바랍니다.

성품 브리지 Character bridge

우리의 소원을 허락하시는 하나님께 내 마음속의 소원을

아뢰보세요.

❦❦❦❦❦❦❦❦❦❦❦❦❦❦❦❦❦❦❦❦❦❦❦❦❦❦❦

기도

주님! 우리 마음의 소원대로 이루어 주시고 우리 기도대로, 계획대

로 이루어 주셔서 감사합니다. 더욱 기쁨으로 아버지를 자랑하며

의지하며 살겠습니다. 아멘!

어려움으로
마음이 흔들릴 때

시편 21:1-7 흔들리지 않는 삶을 살게 하소서

1 여호와여 왕이 주의 힘으로 말미암아 기뻐하며 주의 구원으로 말미암아 크게 즐거워하리이다

2 그의 마음의 소원을 들어 주셨으며 그의 입술의 요구를 거절하지 아니하셨나이다 (셀라)

3 주의 아름다운 복으로 그를 영접하시고 순금 관을 그의 머리에 씌우셨나이다

4 그가 생명을 구하매 주께서 그에게 주셨으니 곧 영원한 장수로소이다

5 주의 구원이 그의 영광을 크게 하시고 존귀와 위엄을 그에게 입히시나이다

6 그가 영원토록 지극한 복을 받게 하시며 주 앞에서 기쁘고 즐겁게 하시나이다

7 왕이 여호와를 의지하오니 지존하신 이의 인자함으로 흔들리지 아니하리이다

성품묵상

어려움으로 마음이 흔들릴 때

우리는 무엇을 할 수 있나요?

다윗은 찬양을 합니다.

전쟁에서 마주한 삶과 죽음의 갈림길에서

자신의 생명을 보존해 주셔서 감사하다고 찬양합니다.

태산 같은 인생의 무게를

자신의 힘으로 지탱하기 어려울 때도

그는 감사하며 찬양합니다.

어려운 상황에서도 흔들리지 않는 삶을

살게 하시는 하나님의 인자하심이

오늘을 사는 우리에게도 영원한 노래가 됩니다.

기도

주님! 여러 어려움에서 우리를 건져주시고 생명을 보존해 주시며,
장수의 복을 누리게 하소서. 어지러운 세상 속에서 주를 의지함으
로 흔들리지 않는 삶을 살게 하소서. 아멘!

책임감이란
'내가 해야 할 일들이
무엇인지 알고
끝까지 맡아서 잘 수행하는 태도'

(좋은나무성품학교 정의)

오늘의

단조로운 일상들을

잘 감당해 내는 것이

우리가 살고 있는

세상을 지탱하는

나의 책임감입니다.

매일매일 쌓아가는

나의 작은 일상들이 모여

커다란 세상을

만들어 갑니다.

심플, 향기되어 날나(이영숙 저)에서 발췌

희망이 없다고
느껴질 때

시편 22:1, 2, 19, 22–23, 28, 30–31 속히 나를 도우소서

1 내 하나님이여 내 하나님이여 어찌 나를 버리셨나이까 어찌 나를 멀리 하여 돕지 아니하시오며 내 신음 소리를 듣지 아니하시나이까

2 내 하나님이여 내가 낮에도 부르짖고 밤에도 잠잠하지 아니하오나 응답하지 아니하시나이다

19 여호와여 멀리 하지 마옵소서 나의 힘이시여 속히 나를 도우소서

22 내가 주의 이름을 형제에게 선포하고 회중 가운데에서 주를 찬송하리이다

23 여호와를 두려워하는 너희여 그를 찬송할지어다 야곱의 모든 자손이여 그에게 영광을 돌릴지어다 너희 이스라엘 모든 자손이여 그를 경외할지어다

28 나라는 여호와의 것이요 여호와는 모든 나라의 주재심이로다

30 후손이 그를 섬길 것이요 대대에 주를 전할 것이며

31 와서 그의 공의를 태어날 백성에게 전함이여 주께서 이를

　　행하셨다 할 것이로다

성품묵상

죽음 같은 고통은

희망이 없다고 느껴지는 그 순간입니다.

다윗은 희망이 없다고 느껴지는 그 순간

죽음 같은 공포 속에서

절망을 하나님께 아룁니다.

속히 나를 구해달라고 외칩니다.

"내 하나님이여 어찌 나를 버리셨나이까?"

훗날 예수 그리스도께서도 똑같이 외치십니다.

십자가에서 외치셨던 절규였지요.

더 이상 희망이 존재하지 않을 것 같은

이때의 절규에서

인류의 구원이 서막처럼 열리고

희망이 시작되었습니다.

결국, 하나님이 희망이십니다.
마지막 승리자이십니다.

만왕의 왕이시고 모든 나라의 주인이신
여호와가 궁극적으로
우리를 책임지실 구원자이십니다.

자자손손 후대까지 그분을 찬양할 수밖에 없다는
귀한 노래가 오늘 우리의 노래가 됩니다.

십자가의 죽음에서 부활하신
예수 그리스도의 사랑이
고난 속에서도
찬양하며 달려갈 수 있게 합니다.

처절함 속에서도 긍정적인 생각, 감정, 행동을 선택하여 희망을 찾으려 노력하는 것이 필요합니다. 나는 오늘, 어떤 긍정적인 태도를 선택할 수 있을까요?

> 긍정적인 태도란,
> '어떠한 상황에서도
> 가장 희망적인 생각, 말, 행동을
> 선택하는 마음가짐'
> (좋은나무성품학교 정의)입니다.

기도

주님! 처절한 절망 속에서도 주님이 희망이십니다. 찬양받기에 합당하신 아버지를 기뻐합니다. 아멘!

너의 목자가
되리니

시편 23:1, 3, 6 여호와는 나의 목자

1 여호와는 나의 목자시니 내게 부족함이 없으리로다

3 내 영혼을 소생시키시고 자기 이름을 위하여 의의 길로 인

　　도하시는도다

6 내 평생에 선하심과 인자하심이 반드시 나를 따르리니 내

　　가 여호와의 집에 영원히 살리로다

성품묵상

하나님이 나의 목자가 되시면

부족함 없는 인생이 됩니다.

나의 필요를 나보다 더 잘 아시는 하나님은

나를 소생시키시고 올바른 길로 인도해 주십니다.

그분은 선하심과 인도하심이

풍성하신 분이시기에

그분을 목자로 삼고 사는 인생도

풍성한 은혜가 넘칠 것입니다.

이 땅에서 살면서 가장 큰 기쁨은
영원히 그분과 함께 사는 것입니다.

성품 브리지 Character bridge

주님이 나를 가장 선하고 좋은 길로 인도해 주셨던 경험
이 있나요? 내가 받았던 은혜를 나누며 목자 되신 예수님
을 찬양하는 시간을 가져보세요.

기도

주님! 여호와는 나의 목자이십니다. 나의 평생을 가장 아름답고
선하게 인도해 주실 것을 믿습니다. 아멘!

나와 더 친밀해졌으면
좋겠구나

시편 24:3-6 여호와의 산에 오를 자

3 여호와의 산에 오를 자가 누구며 그의 거룩한 곳에 설 자
가 누구인가

4 곧 손이 깨끗하며 마음이 청결하며 뜻을 허탄한 데에 두지
아니하며 거짓 맹세하지 아니하는 자로다

5 그는 여호와께 복을 받고 구원의 하나님께 의를 얻으리니

6 이는 여호와를 찾는 족속이요 야곱의 하나님의 얼굴을 구
하는 자로다 (셀라)

성품묵상

세상을 만든 창조주이신 하나님!

나를 만드신 그분과

친밀함을 지키는 사람은 어떤 사람일까요?

* 손이 깨끗한 사람.

　거짓되지 않고 정직하게 행하는 사람입니다.

* 마음이 청결한 사람.

　뜻을 허무한 곳에 두지 않는 사람입니다.

* 거짓말하지 않는 사람.

　있는 그대로 말할 줄 아는 사람입니다.

이런 사람은

여호와께 복을 받고

그분과 친밀함을 누리며 사는 사람이 됩니다.

기도

주님! 손이 깨끗하고 마음이 청결하며, 뜻을 허탄한 곳에 두지 않게 하시고 거짓말하지 않는 사람이 되게 하셔서 주님과의 친밀한 동행 속에서 주의 복을 받게 하옵소서. 아멘!

마음속 괴로움을
아뢰려면

시편 25:12-17, 20, 22 **택할 길을 가르치시리로다**

12 여호와를 경외하는 자 누구냐 그가 택할 길을 그에게 가르
치시리로다

13 그의 영혼은 평안히 살고 그의 자손은 땅을 상속하리로다

14 여호와의 친밀하심이 그를 경외하는 자들에게 있음이여
그의 언약을 그들에게 보이시리로다

15 내 눈이 항상 여호와를 바라봄은 내 발을 그물에서 벗어나
게 하실 것임이로다

16 주여 나는 외롭고 괴로우니 내게 돌이키사 나에게 은혜를
베푸소서

17 내 마음의 근심이 많사오니 나를 고난에서 끌어내소서

20 내 영혼을 지켜 나를 구원하소서 내가 주께 피하오니 수치
를 당하지 않게 하소서

22 하나님이여 이스라엘을 그 모든 환난에서 속량하소서

성품묵상

마음 속 괴로움이 요동칠 때

당신은 누구를 찾습니까?

'내가 외롭고 고달프니 은혜를 주옵소서'

'이스라엘을 모든 환난에서 구해주옵소서'

다윗은 하나님께 자신의 마음을 모두 말씀드립니다.

마음속에 있는 고통과 회오리를

다 말할 수 있는 오직 한 분!

하나님과의 친밀함이 있었던 것이지요.

또, 약속한 것을 반드시 지키시는

하나님의 성품을 잘 알고 있었기 때문입니다.

모든 비밀과 마음속의 괴로움을 다 아셔도

여전히 나를 사랑하시는 그분!

오늘 그분과의 친밀함을 회복하기 원합니다.

기도

우리를 외로움과 고난 속에서 건져주시고 대한민국을 환란에서 구
해 주옵소서.

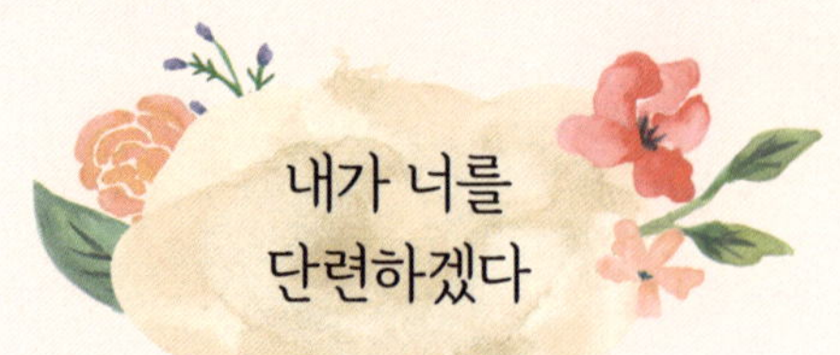

시편 26:1-4, 7-8, 12 내 뜻과 내 양심을 단련하소서

1 내가 나의 완전함에 행하였사오며 흔들리지 아니하고 여호와를 의지하였사오니 여호와여 나를 판단하소서

2 여호와여 나를 살피시고 시험하사 내 뜻과 내 양심을 단련하소서

3 주의 인자하심이 내 목전에 있나이다 내가 주의 진리 중에 행하여

4 허망한 사람과 같이 앉지 아니하였사오니 간사한 자와 동행하지도 아니하리이다

7 감사의 소리를 들려 주고 주의 기이한 모든 일을 말하리이다

8 여호와여 내가 주께서 계신 집과 주의 영광이 머무는 곳을 사랑하오니

12 내 발이 평탄한 데에 섰사오니 무리 가운데에서 여호와를 송축하리이다

성품묵상

하나님을 의지하는 것은 우리의 방패가 됩니다.
흔들리지 않고 여호와를 의지하는 것이
온전한 삶의 디딤돌이 됩니다.

'내 뜻과 내 양심을 단련하소서'
고난 앞에서 드린 다윗의 기도는
고난을 통한 자기 성찰의 기도입니다.

여호와 앞에서 자신을 찾는 사람만이
하나님의 성품을 배우고 단련하는
겸허함을 배울 수 있습니다.

'내 뜻과 내 양심을 단련하소서'라고 기도한 다윗처럼 날마다 하나님의 성품으로 자신을 성찰하는 자세를 배우는 것이 필요합니다. 어제의 나의 성품은 어땠나요? 아래의 표를 따라 점검해 보세요.

성품 자가 진단하기			
공감인지능력	실천 필요	보통	좋은 실천
경청			
긍정적인 태도			
기쁨			
배려			
감사			
순종			
분별력	실천 필요	보통	좋은 실천
인내			
책임감			
절제			
창의성			
정직			
지혜			

기도

주님! 뜻을 허탄한 데 두고 사는 허망한 인생이 되기를 거부하고 신비로운 주의 은혜를 감사하며 주의 영광을 선포하는 인생이 되기를 원합니다. 결단하는 다윗의 노래가 새날을 여는 우리의 기도가 되게 하옵소서. 아멘!

내가 있으니
두려워 말렴

시편 27:1, 3-5, 10, 11, 14 여호와를 기다릴지어다

1 여호와는 나의 빛이요 나의 구원이시니 내가 누구를 두려워하리요 여호와는 내 생명의 능력이시니 내가 누구를 무서워하리요

3 군대가 나를 대적하여 진 칠지라도 내 마음이 두렵지 아니하며 전쟁이 일어나 나를 치려 할지라도 나는 여전히 태연하리로다

4 내가 여호와께 바라는 한 가지 일 그것을 구하리니 곧 내가 내 평생에 여호와의 집에 살면서 여호와의 아름다움을 바라보며 그의 성전에서 사모하는 그것이라

5 여호와께서 환난 날에 나를 그의 초막 속에 비밀히 지키시고 그의 장막 은밀한 곳에 나를 숨기시며 높은 바위 위에 두시리로다

10 내 부모는 나를 버렸으나 여호와는 나를 영접하시리이다

11 여호와여 주의 도를 내게 가르치시고 내 원수를 생각하셔서 평탄한 길로 나를 인도하소서

14 너는 여호와를 기다릴지어다 강하고 담대하며 여호와를 기다릴지어다

성품묵상

여호와를 의지하고 사는 사람은

군대가 일어나고 전쟁이 위협해도

두려워하지 않습니다.

태연하게 삽니다.

"내가 있으니 두려워 말렴"

바람처럼 속삭이는 그분의 음성.

내 부모보다 나를 더 사랑하는 하나님 아버지가

나를 지키시고 숨겨주실 것을 알기 때문입니다.

"너는 여호와를 기다릴지어다.

강하고 담대하게 여호와를 기다릴지어다"

오늘도 말씀을 의지하여 두려움을 이겨냅니다.

기도

주님! 그 어떤 일들이 내 앞에 일어난다고 해도 강하고 담대하게

여호와 하나님을 의지하며 태연하게 살겠습니다.

마음이
답답할 때

시편 28:1-2, 6-7, 9 주의 산업에 복을 주소서

1 여호와여 내가 주께 부르짖으오니 나의 반석이여 내게 귀를 막지 마소서 주께서 내게 잠잠하시면 내가 무덤에 내려가는 자와 같을까 하나이다

2 내가 주의 지성소를 향하여 나의 손을 들고 주께 부르짖을 때에 나의 간구하는 소리를 들으소서

6 여호와를 찬송함이여 내 간구하는 소리를 들으심이로다

7 여호와는 나의 힘과 나의 방패이시니 내 마음이 그를 의지하여 도움을 얻었도다 그러므로 내 마음이 크게 기뻐하며 내 노래로 그를 찬송하리로다

9 주의 백성을 구원하시며 주의 산업에 복을 주시고 또 그들의 목자가 되시어 영원토록 그들을 인도하소서

마음이 답답하고 인생의 무게로 짓눌릴 때
우리는 무엇을 할 수 있을까요?
내게 부르짖으라고 말씀하시는
그분을 생각하며 눈을 감아보세요.

우리가 주께 부르짖을 때
하나님은 우리의 간절한 마음을 들으십니다.
하나님은 우리의 힘과 방패이시기 때문에
그를 의지하는 자는 크게 기뻐하며 힘을 얻습니다.

우리의 산업에 복을 주시며
영원토록 우리를 인도하시는
목자 되신 하나님을 찬양합니다.

기도

주님! 날마다 우리의 힘과 방패가 되어 주시는 주님을 찬양합니다.
아멘!

내가 너에게
힘을 주고 싶단다

시편 29:1-2, 10-11 평강의 복을 주시리로다

1 너희 권능 있는 자들아 영광과 능력을 여호와께 돌리고 돌
릴지어다

2 여호와께 그의 이름에 합당한 영광을 돌리며 거룩한 옷을
입고 여호와께 예배할지어다

10 여호와께서 홍수 때에 좌정하셨음이여 여호와께서 영원하
도록 왕으로 좌정하시도다

11 여호와께서 자기 백성에게 힘을 주심이여 여호와께서 자
기 백성에게 평강의 복을 주시리로다

성품묵상

나에게 힘을 주길 원하시는 분은
하나님이십니다.

힘 있는 사람이 마땅히 해야 할 일은
여호와께 모든 영광을 돌리고
예배자로서 사는 것입니다.
환란과 고난의 때에도
하나님은 영원한 왕이시기 때문입니다.

하나님은 자신을 의지하는 자에게
힘을 주시고 평강의 복을 주십니다.
자기 백성에게 힘을 주시고
평강의 복을 주시는 여호와 하나님을
의지하며 살아가길 기도합니다.

성품묵상

나에게 힘을 주길 원하시는 분은
하나님이십니다.

성품 브리지| Character bridge

인내란, '좋은 일이 이루어질 때까지 불평 없이 참고 기다리는 것'(좋은나무성품학교 정의)입니다. 좋은 일이 일어날 때까지 끝까지 인내하려면 하나님을 철저히 의지해야 합니다. 좋은 일이 일어날 나의 일상 영역에서 아직도 주님께 의지하지 못하고 있는 영역은 무엇인가요?

주님께 의지하는 영역	의지합니다 YES	아직입니다 NOT YET
돈		
배우자		
자녀		
직장		
인간관계		
꿈		
기타( )		

기도

주님! 홍수 때도 아버지는 왕이십니다. 어려울 때 더욱 담대하게 영광을 돌리며 사는 예배자가 되게 하소서. 힘 주시고 평강의 복으로 오늘을 살게 하소서. 아멘

나는 너를
돕는 자이니라

시편 30:4-5, 7, 10-12 그의 은총은 평생이로다

4 주의 성도들아 여호와를 찬송하며 그의 거룩함을 기억하며 감사하라

5 그의 노염은 잠깐이요 그의 은총은 평생이로다 저녁에는 울음이 깃들일지라도 아침에는 기쁨이 오리로다

7 여호와여 주의 은혜로 나를 산 같이 굳게 세우셨더니 주의 얼굴을 가리시매 내가 근심하였나이다

10 여호와여 들으시고 내게 은혜를 베푸소서 여호와여 나를 돕는 자가 되소서 하였나이다

11 주께서 나의 슬픔이 변하여 내게 춤이 되게 하시며 나의 베옷을 벗기고 기쁨으로 띠 띠우셨나이다

12 이는 잠잠하지 아니하고 내 영광으로 주를 찬송하게 하심이니 여호와 나의 하나님이여 내가 주께 영원히 감사하리이다

성품묵상

언제나 내 편이신 분!
그분은 여호와 하나님이십니다.

여호와를 찬양하고 감사하며 살 때
그분은 영원한 나의 도움이 되십니다.

그의 노여움은 잠깐이고
그의 은총은 평생입니다.
하나님이 나를 돕는 자가 되어 주실 때
나의 슬픔이 변하여 춤이 되게 하시며
기쁨으로 가득차게 하십니다.

그러므로 우리는 평생 찬양하고
감사하며 살 수 있습니다.

기도

주님! 나의 기도를 들으시고 돕는 자가 되어 주옵소서. 평생을 주께
감사하고 그 은혜를 찬양하며 살게 하옵소서. 아멘!

너를
보호하리라

시편 31:1, 3, 15, 19-20, 23-24 나의 앞날이 주의 손에 있나이다

1 여호와여 내가 주께 피하오니 나를 영원히 부끄럽게 하지 마시고 주의 공의로 나를 건지소서

3 주는 나의 반석과 산성이시니 그러므로 주의 이름을 생각하셔서 나를 인도하시고 지도하소서

15 나의 앞날이 주의 손에 있사오니 내 원수들과 나를 핍박하는 자들의 손에서 나를 건져 주소서

19 주를 두려워하는 자를 위하여 쌓아 두신 은혜 곧 주께 피하는 자를 위하여 인생 앞에 베푸신 은혜가 어찌 그리 큰지요

20 주께서 그들을 주의 은밀한 곳에 숨기사 사람의 꾀에서 벗어나게 하시고 비밀히 장막에 감추사 말 다툼에서 면하게 하시리이다

23 너희 모든 성도들아 여호와를 사랑하라 여호와께서 진실한 자를 보호하시고 교만하게 행하는 자에게 엄중히 갚으시느니라

24 여호와를 바라는 너희들아 강하고 담대하라

성품묵상

주께서는 자신의 사람들을

은밀한 곳에 감추시고

모든 환란과 말다툼에서 보호하십니다.

주께 피하는 자에게 주시는

축복은 말할 수 없이 큽니다.

'너를 보호하리라'라고 말씀하시는

세상을 주관하시는 그분의 성품을 알 때

우리는 강하고 담대하게

세상을 살아갈 수 있습니다.

기도

주님! 우리의 앞날이 주께 있사오니 주를 의지하여 강하고 담대하게 살아가게 하옵소서. 주께서 쌓아 두신 은혜, 베푸신 큰 은혜로 오늘을 살게 하옵소서. 아멘!

만일 우리가
우리 죄를 자백하면

시편 32:5-6, 8, 10 인자하신 하나님

5 내가 이르기를 내 허물을 여호와께 자복하리라 하고 주께
  내 죄를 아뢰고 내 죄악을 숨기지 아니하였더니 곧 주께서
  내 죄악을 사하셨나이다 (셀라)

6 이로 말미암아 모든 경건한 자는 주를 만날 기회를 얻어서
  주께 기도할지라 진실로 홍수가 범람할지라도 그에게 미치
  지 못하리이다

8 내가 네 갈 길을 가르쳐 보이고 너를 주목하여 훈계하리로다

10 악인에게는 많은 슬픔이 있으나 여호와를 신뢰하는 자에
  게는 인자하심이 두르리로다

성품묵상

내 허물을 숨기지 않고 자백하며 아뢰면
하나님 아버지는 내 죄악을 용서해 주시고
친밀함으로 보상해 주십니다.

나의 갈 길을 가르쳐 보이시고

주목하여 훈계하시는 아버지이시기에

두려움 없는 인생을 살게 됩니다.

오늘 하루, 시편 기자처럼

나의 허물을 자백해 보세요.

인자하신 하나님은 진심으로

회개하는 사람의 죄를 용서해 주십니다.

아버지 나의 죄를 자백합니다

기도

주님! 날마다 주를 만날 기회를 얻어 기도하는 사람이 되게 하소서.

홍수가 범람할지라도 내게 영향을 주지 못하게 하소서. 아멘

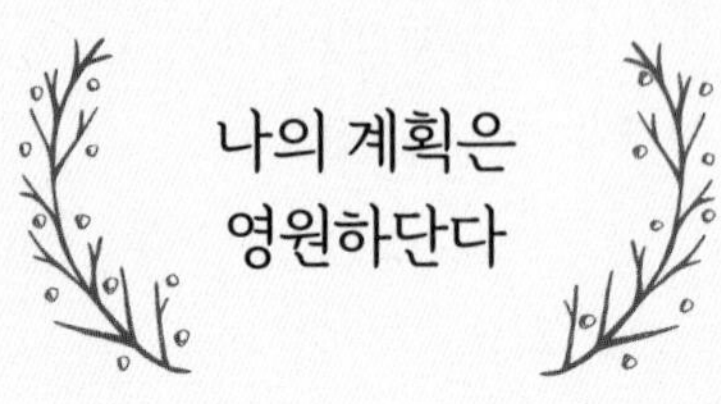

나의 계획은
영원하단다

시편 33:10-12, 15-16, 18-20, 22 여호와의 계획은 영원히 서고

10 여호와께서 나라들의 계획을 폐하시며 민족들의 사상을 무효하게 하시도다

11 여호와의 계획은 영원히 서고 그의 생각은 대대에 이르리로다

12 여호와를 자기 하나님으로 삼은 나라 곧 하나님의 기업으로 선택된 백성은 복이 있도다

15 그는 그들 모두의 마음을 지으시며 그들이 하는 일을 굽어살피시는 이로다

16 많은 군대로 구원 얻은 왕이 없으며 용사가 힘이 세어도
스스로 구원하지 못하는도다

18 여호와는 그를 경외하는 자 곧 그의 인자하심을 바라는
자를 살피사

19 그들의 영혼을 사망에서 건지시며 그들이 굶주릴 때에 그
들을 살리시는도다

20 우리 영혼이 여호와를 바람이여 그는 우리의 도움과 방패
시로다

22 여호와여 우리가 주께 바라는 대로 주의 인자하심을 우리
에게 베푸소서

세상은 강한 나라에 의해
움직여지는 것이 아닙니다.

그들의 계획을 폐하시며
민족들의 생각을 무효화하시는 분은
여호와 하나님이십니다.

여호와의 계획은 영원하며,
그의 생각이 대대로 이어집니다.

오직 우리가 두려워할 대상은
여호와 하나님 한 분뿐이십니다.

그분을 경외하고
그의 인자하심을 바라고
그분의 구원을 사모해야 합니다.

하나님을 섬기는 나라가 복되고
하나님의 기업으로 선택된 백성이 복됩니다.

우리나라가 하나님의 계획대로 회복되려면 어떤 기도를 해야 할까요? 나라를 위한 나의 기도 제목을 적어보세요.

기도

주님! 우리가 주께 바라는 대로 이루어 주옵소서. 이 나라와 이 민족을 살려주시고 안전하게 지켜주옵소서. 우리나라를 보호해 주시고 안전하게 하옵소서. 아멘!

나의 선함을
맛보아 알지어다

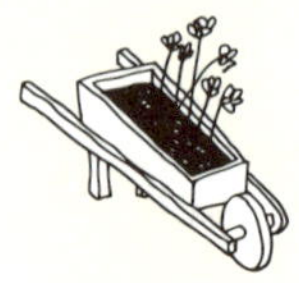

시편 34:2, 4, 6, 8, 10, 18–19 여호와의 선하심을 맛보아 알지어다

2 내 영혼이 여호와를 자랑하리니 곤고한 자들이 이를 듣고 기뻐하리로다

4 내가 여호와께 간구하매 내게 응답하시고 내 모든 두려움에서 나를 건지셨도다

6 이 곤고한 자가 부르짖으매 여호와께서 들으시고 그의 모든 환난에서 구원하셨도다

8 너희는 여호와의 선하심을 맛보아 알지어다 그에게 피하는 자는 복이 있도다

10 젊은 사자는 궁핍하여 주릴지라도 여호와를 찾는 자는 모든 좋은 것에 부족함이 없으리로다

18 여호와는 마음이 상한 자를 가까이 하시고 충심으로 통회하는 자를 구원하시는도다

19 의인은 고난이 많으나 여호와께서 그의 모든 고난에서 건지시는도다

성품묵상

여호와의 선하심을 맛본다면 어떤 맛일까요?

그것은 바로 안심과 신뢰의 맛입니다.

형편이 어려운 사람들이

하나님을 기뻐하며 간구하면

하나님은 응답하시고 두려움에서 건지십니다.

여호와를 찾는 사람들은

젊은 사자보다 더 힘입게 돌진하여

모든 좋은 것에 부족함이 없게 됩니다.

하나님을 의지하는 사람들은 고난이 많으나

주께서 그 모든 고난을 해결해 주십니다.

마음이 상한 모든 자들을 가까이하시는

하나님의 선하심을 찬양합니다.

기도

주님! 주님은 세상에서 맛볼 수 있는 가장 선한 맛입니다. 고난에서
날마다 우리를 건져주시는 주님을 찬양합니다. 아멘!

나의 고통을
기뻐하는 자들이 있을 때

시편 35:1, 4-5, 8-9, 24, 26 악인을 멸하시는 하나님

1 여호와여 나와 다투는 자와 다투시고 나와 싸우는 자와
싸우소서

4 내 생명을 찾는 자들이 부끄러워 수치를 당하게 하시며 나
를 상해하려 하는 자들이 물러가 낭패를 당하게 하소서

5 그들을 바람 앞에 겨와 같게 하시고 여호와의 천사가 그들
을 몰아내게 하소서

8 멸망이 순식간에 그에게 닥치게 하시며 그가 숨긴 그물에
자기가 잡히게 하시며 멸망 중에 떨어지게 하소서

9 내 영혼이 여호와를 즐거워함이여 그의 구원을 기뻐하리
로다

24 여호와 나의 하나님이여 주의 공의대로 나를 판단하사 그
들이 나로 말미암아 기뻐하지 못하게 하소서

26 나의 재난을 기뻐하는 자들이 함께 부끄러워 낭패를 당하
게 하시며 나를 향하여 스스로 뽐내는 자들이 수치와 욕
을 당하게 하소서

성품묵상

바람에 나는 겨와 같이
악한 세력을 제거해 주시고
여호와의 천사가 악한 것들을
몰아내 주시길 간청합니다.
악한 자들에게 멸망이
순식간에 닥치길 기도합니다.

우리의 영혼이
구원을 기뻐하고,
여호와를 즐거워 하는 것이
영원까지 이어지길 기도합니다.

기도

주님! 우리의 생명을 위협하는 자들을 바람 앞에 겨와 같이 순식간
에 멸망시켜 주소서. 하나님의 능력과 구원을 신뢰합니다. 아멘!

*감동적인 성경 말씀을 써보세요.

너에게 인자함을
베푼단다

시편 36:7-10 행복과 안락의 강물

7 하나님이여 주의 인자하심이 어찌 그리 보배로우신지요 사
   람들이 주의 날개 그늘 아래에 피하나이다

8 그들이 주의 집에 있는 살진 것으로 풍족할 것이라 주께서
   주의 복락의 강물을 마시게 하시리이다

9 진실로 생명의 원천이 주께 있사오니 주의 빛 안에서 우리
   가 빛을 보리이다

10 주를 아는 자들에게 주의 인자하심을 계속 베푸시며 마음
   이 정직한 자에게 주의 공의를 베푸소서

성품묵상

주의 날개 그늘 아래로 달려가 피하는 이유는
주의 인자하심이 크고 영원하기 때문입니다.

주께로 가면 행복과 안락의 물을 마시며
부족함 없이 먹고 마실 수 있습니다.

생명의 원천이 되시는 주님은
우리를 인도하는 빛이십니다.

영원토록 주의 인자하심과 공의로운 성품을
우리에게 베풀어 주시길 소망합니다.

 Character bridge

하나님은 그늘을 주시고, 복락의 강물도 마시게 해주십니다. 우리를 배려하시기 때문입니다.

내가 하나님께 배려 받은 것처럼, 나도 다른 사람에게 베풀 수 있는 '배려'의 행동을 떠올려 보고, 실천해 보세요!

> 배려란 '나와 다른 사람 그리고 환경에 대하여
> 사랑과 관심을 갖고 잘 관찰하여 보살펴 주는 것'
> (좋은나무성품학교 정의)입니다.

기도

주님! 오늘도 주님의 복락의 강물을 마시며 기쁨으로 살게 하소서.
아멘!

나를 기뻐하렴

시편 37:4-7, 23-24, 31 **기뻐하라! 맡기라! 기다리라!**

4 또 여호와를 기뻐하라 그가 네 마음의 소원을 네게 이루어
주시리로다

5 네 길을 여호와께 맡기라 그를 의지하면 그가 이루시고

6 네 의를 빛 같이 나타내시며 네 공의를 정오의 빛 같이 하
시리로다

7 여호와 앞에 잠잠하고 참고 기다리라 자기 길이 형통하며
악한 꾀를 이루는 자 때문에 불평하지 말지어다

23 여호와께서 사람의 걸음을 정하시고 그의 길을 기뻐하시
나니

24 그는 넘어지나 아주 엎드러지지 아니함은 여호와께서 그
의 손으로 붙드심이로다

31 그의 마음에는 하나님의 법이 있으니 그의 걸음은 실족함
이 없으리로다

성품묵상

인생에는 법칙이 있습니다.
내가 선택한 대로 보응을 받는 원칙입니다.

여호와 하나님을 선택하고 기뻐할 때
마음의 소원이 이루어집니다.

우리의 길을 하나님께 맡길 때, 그분이 이루시고
정오의 빛처럼 드러나는 삶을 살게 하십니다.

사랑의 아버지가 사람의 걸음을 정하시고
넘어지지 않도록 붙드시기 때문입니다.

하나님께 내 삶을 맡기고 기뻐하는 사람에게는
실족함이 없이 땅을 차지하고
밝게 빛나는 인생이 되게 하시며 평안을 주십니다.

기도

기뻐하고, 맡기며, 참고 기다리는 법칙을 지켜서 그 보상을 받으며
사는 사람이 되게 하소서. 아멘!

네 목소리에
응답한단다

시편 38:15 내게 응답하시리이다

15 여호와여 내가 주를 바랐사오니 내 주 하나님이 내게 응답

하시리이다

성품묵상

언제나 우리를 기다려주시는 분

"나는 언제나 네 목소리에 응답한단다"라고

말씀해 주시는 분

내 마음의 소원까지

응답하시는 그분께 집중합니다.

인생에서 가장 득이 되는 시간은

열심히 일하는 시간이 아니라 여호와께

우리 소원을 말씀드리는 시간입니다.

그 시간이 우리의 미래를 만들고

기적을 만드는 시간이 되기 때문입니다.

여호와를 바라고 기다리는 시간은

허비되는 시간이 아니라

소중한 창조를 기대하는 시간입니다.

성품 브리지 Character bridge

하나님은 우리가 바라는 것까지 들으시고 이루어 주시는 '경청의 성품'을 소유하신 분입니다. 하나님의 경청의 성품을 의지하여 하나님께 모든 것을 말씀드리는 기도를 드려보세요.

기도

주님! 오늘도 나의 하나님 아버지를 기대하고 바랍니다. 우리의 소원을 이루어 주옵소서. 아멘!

입술을 절제하지
못했을 때

시편 39:1-7 나의 행위를 조심하여

1 내가 말하기를 나의 행위를 조심하여 내 혀로 범죄하지 아니하리니 악인이 내 앞에 있을 때에 내가 내 입에 재갈을 먹이리라 하였도다

2 내가 잠잠하여 선한 말도 하지 아니하니 나의 근심이 더 심하도다

3 내 마음이 내 속에서 뜨거워서 작은 소리로 읊조릴 때에 불이 붙으니 나의 혀로 말하기를

4 여호와여 나의 종말과 연한이 언제까지인지 알게 하사 내가 나의 연약함을 알게 하소서

5 주께서 나의 날을 한 뼘 길이만큼 되게 하시매 나의 일생이 주 앞에는 없는 것 같사오니 사람은 그가 든든히 서 있는 때에도 진실로 모두가 허사뿐이니이다 (셀라)

6 진실로 각 사람은 그림자 같이 다니고 헛된 일로 소란하며 재물을 쌓으나 누가 거둘는지 알지 못하나이다

7 주여 이제 내가 무엇을 바라리요 나의 소망은 주께 있나이다

성품묵상

시편 기자는 악인이 내 앞에 있을 때

혀로 범죄하지 않기 위하여

행위를 조심하고 입에 재갈을 먹이겠다고 합니다.

그의 결심이 아주 쉽고 편하게 험담하는

우리들의 모습을 부끄럽게 합니다.

주께 소망을 둔 사람은

자신의 연약함을 인정하고

조심히 행동해야 합니다.

사람이 든든히 섰다고 생각하는 그 순간도

허사일 뿐이고 그림자처럼 지나갑니다. 그러니

헛된 일로 소란 떨지 않고 조심히 살아가야겠습니다.

기도

주님! 쉽게 험담하는 내 입술을 조심하게 하시고 그림자처럼 지나
가는 인생 속에서 주께 소망을 두고 살게 하소서. 아멘!

너를
견고하게 하리라

시편 40:1-3 견고하게 하시는 하나님

1 내가 여호와를 기다리고 기다렸더니 귀를 기울이사 나의
   부르짖음을 들으셨도다

2 나를 기가 막힐 웅덩이와 수렁에서 끌어올리시고 내 발을
   반석 위에 두사 내 걸음을 견고하게 하셨도다

3 새 노래 곧 우리 하나님께 올릴 찬송을 내 입에 두셨으니
   많은 사람이 보고 두려워하여 여호와를 의지하리로다

성품묵상

나의 부르짖음을 들으시는 하나님은

나를 웅덩이에서 건져주시고

내 발을 반석 위에 두시고

내 걸음을 견고하게 해 주시는 아버지이십니다!

그분은 날마다 새 노래를 부를 수 있도록
지켜주시는 인도자이십니다.

우리를 견고하게 하시는 하나님은
우리의 인생이 세상의 증거가 되어
많은 사람이 주를 두려워하며
주께 돌아오는 아름다운 간증의 삶이 되길
오늘도 간절히 원하십니다.

오늘의 다짐

기도

주님! 주님을 기다리고 부르짖는 삶이 되게 하옵소서. 우리 인생을
기가 막힐 웅덩이와 수렁에서 끌어올려 주시고 반석 위에 서게 하
시고 견고하게 해 주셔서 감사합니다.
날마다 새 노래로 찬양하는 인생이 되게 하소서. 아멘!

가난한 자를
보살피는 자에게
복이 있단다

시편 41:1–3, 12–13 가난한 자를 보살피는 자

1 가난한 자를 보살피는 자에게 복이 있음이여 재앙의 날에
    여호와께서 그를 건지시리로다

2 여호와께서 그를 지키사 살게 하시리니 그가 이 세상에서
    복을 받을 것이라 주여 그를 그 원수들의 뜻에 맡기지 마
    소서

3 여호와께서 그를 병상에서 붙드시고 그가 누워 있을 때마
    다 그의 병을 고쳐 주시나이다

12 주께서 나를 온전한 중에 붙드시고 영원히 주 앞에 세우시
    나이다

13 이스라엘의 하나님 여호와를 영원부터 영원까지 송축할지
    로다 아멘 아멘

성품묵상

가난하고 연약한 자를 돕는 사람에게

하나님은 복을 주십니다.

그런 사람을 주님은 환란에서 지키시고

생명을 지켜주시며 세상을 사는 동안 복을 받게 하십니다.

가난한 자란 누구일까요?

마음이 눌리고 상처받은 자,

어리고 연약하여 도움이 필요한 자,

스스로 자신을 지키기 어려운 사람들입니다.

하나님은 우리를 통해 이들에게

하나님의 사랑이 전달되기 원하십니다.

기도

주님! 연약한 자, 가난한 자에게 주의 사랑을 전달하는 복의 통로
로 살게 하소서. 영원히 아버지 사랑을 전하는 자로 살게 하소서.
아멘!

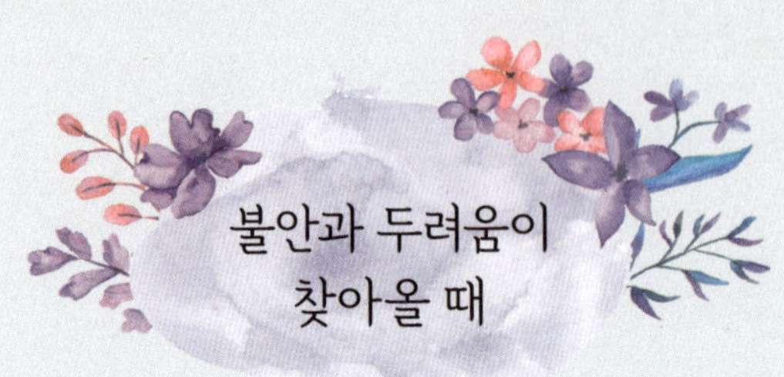# 불안과 두려움이 찾아올 때

시편 42:1, 2, 5, 8, 11 여전히 찬송하리로다

1 하나님이여 사슴이 시냇물을 찾기에 갈급함 같이 내 영혼이 주를 찾기에 갈급하니이다

2 내 영혼이 하나님 곧 살아 계시는 하나님을 갈망하나니 내가 어느 때에 나아가서 하나님의 얼굴을 뵈올까

5 내 영혼아 네가 어찌하여 낙심하며 어찌하여 내 속에서 불안해 하는가 너는 하나님께 소망을 두라 그가 나타나 도우심으로 말미암아 내가 여전히 찬송하리로다

8 낮에는 여호와께서 그의 인자하심을 베푸시고 밤에는 그의 찬송이 내게 있어 생명의 하나님께 기도하리로다

11 내 영혼아 네가 어찌하여 낙심하며 어찌하여 내 속에서 불안해 하는가 너는 하나님께 소망을 두라 나는 그가 나타나 도우심으로 말미암아 내 하나님을 여전히 찬송하리로다

성품묵상

시편 기자는 사슴이 시냇물을 찾는 갈급함 같이
주를 갈망하는 절박한 심정을 노래하고 있습니다.

마음에 불안과 두려움이 엄습할 때
주께 소망을 두는 사람은
낙망하지 않고 생명을 지킵니다.
낮과 밤으로 지키시는 여호와의 인자하심을
알고 있기 때문입니다.

내 속에서 불안하고 낙망할 그때
오늘도, 산 소망이 되시는 주님을 찬양합니다.

기도

주님! 언제나 생명을 지켜주시고 소망이 되어주시는 주님 덕분에
내 속의 불안과 낙심을 극복하게 해 주셔서 감사합니다.
오늘도 주 여호와께 소망을 두는 삶이 되게 하소서. 아멘!

절제란,
내가 하고 싶은 대로 하지 않고
꼭 해야 할 일을 하는 것

(좋은나무성품학교 정의)

절제란

내가 하고 싶은 대로

나의 감정을 표현하는 것이 아니라

꼭 해야 할 말이 무엇인지

생각하여 선택하는 것입니다.

내 감정을 절제하여

적절하게 표현할 수 있는

좋은 성품을 만들어 가는 사람이

바로 큰일을 이루는 사람입니다.

성품, 향기되어 날다(이영숙 저)에서 말줘

나에게
소망을 두렴

시편 43:1–5 나의 도움이신 하나님

1 하나님이여 나를 판단하시되 경건하지 아니한 나라에 대
하여 내 송사를 변호하시며 간사하고 불의한 자에게서 나
를 건지소서

2 주는 나의 힘이 되신 하나님이시거늘 어찌하여 나를 버리
셨나이까 내가 어찌하여 원수의 억압으로 말미암아 슬프게
다니나이까

3 주의 빛과 주의 진리를 보내시어 나를 인도하시고 주의 거
룩한 산과 주께서 계시는 곳에 이르게 하소서

4 그런즉 내가 하나님의 제단에 나아가 나의 큰 기쁨의 하나
님께 이르리이다 하나님이여 나의 하나님이여 내가 수금으
로 주를 찬양하리이다

5 내 영혼아 네가 어찌하여 낙심하며 어찌하여 내 속에서 불
안해 하는가 너는 하나님께 소망을 두라 그가 나타나 도우
심으로 말미암아 내 하나님을 여전히 찬송하리로다

성품묵상

일상 속에서 주께 소망을 두지 않으면

우리는 어느새 슬픔의 노예가 되어

우울하고 억압된 삶을 살게 됩니다.

우리의 원수가 우리를 속여

버려진 것 같은 외로움에 떨게 만들기 때문입니다.

그때에도 "내 영혼아 네가 어찌하여 낙심하며

어찌하여 내 속에서 불안해 하는가!"라고 외치며

담대하고 기쁘게 하나님 앞으로 나아갑시다.

하나님께 소망을 두는 사람은 그분이 돕습니다.

기도

주님! 날마다 어려운 순간마다 주께 소망을 두며 평강을 유지하는

태도를 연습하며 살게 하소서. 아멘!

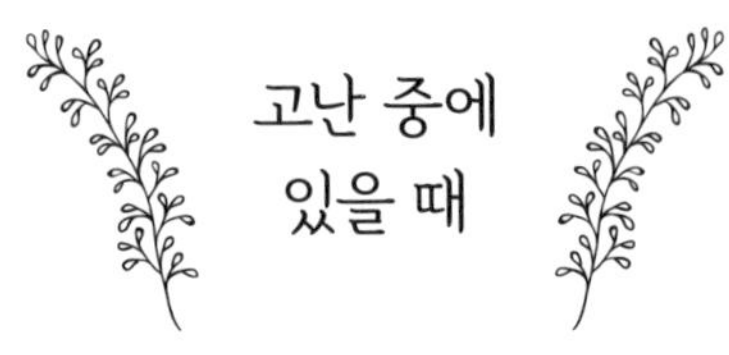

고난 중에
있을 때

시편 44:11-13, 18-21, 23-24, 26 일어나 도우소서

11 주께서 우리를 잡아먹힐 양처럼 그들에게 넘겨 주시고 여러 민족 중에 우리를 흩으셨나이다

12 주께서 주의 백성을 헐값으로 파심이여 그들을 판 값으로 이익을 얻지 못하셨나이다

13 주께서 우리로 하여금 이웃에게 욕을 당하게 하시니 그들이 우리를 둘러싸고 조소하고 조롱하나이다

18 우리의 마음은 위축되지 아니하고 우리 걸음도 주의 길을 떠나지 아니하였으나

19 주께서 우리를 승냥이의 처소에 밀어 넣으시고 우리를 사망의 그늘로 덮으셨나이다

20 우리가 우리 하나님의 이름을 잊어버렸거나 우리 손을 이방 신에게 향하여 폈더면

21 하나님이 이를 알아내지 아니하셨으리이까 무릇 주는 마
   음의 비밀을 아시나이다
23 주여 깨소서 어찌하여 주무시나이까 일어나시고 우리를
   영원히 버리지 마소서
24 어찌하여 주의 얼굴을 가리시고 우리의 고난과 압제를 잊
   으시나이까
26 일어나 우리를 도우소서 주의 인자하심으로 말미암아 우
   리를 구원하소서

성품묵상

주님은 자신의 백성들을

고난을 통해 다루십니다.

주님은 바벨론이나 애굽 같은 나라들을 움직여

민족을 흩어 놓으시고 수치와 업신여김을

받게 함으로 교만했던 이스라엘 백성들이

주께 돌아오게 하십니다.

실제로 바벨론의 느부갓네살 왕은 헐값으로

이스라엘 성전의 귀한 것을 모두 가져갔습니다.

이스라엘 백성들은 그들이 귀하게 여기던 것들이
무너지는 것을 바라볼 수밖에 없었습니다.

지금도 여호와 하나님은
자신보다 더 귀하게 여기는 것들을 무너지게 함으로
'영원한 가치' 되심을 스스로 증명하십니다.

고난의 때일수록 주님과의 친밀한 관계 회복이
모든 상황을 풀어가는 가장 중요한 열쇠입니다.

시편 기자처럼 고난 속에서도
우리의 걸음이 주의 길을 떠나지 않을 것을 결단하면서
이제는 고난 너머에 있는 주의 마음의 비밀을 아는
성숙한 자녀가 되길 기도합니다.

성품 브리지 Character bridge

하나님과 나의 수직적 관계를 회복하면, 사람과 나 사
이의 수평적 관계가 회복됩니다. 그것이 '관계맺기의 비

밀-T.A.P.E 요법'의 핵심입니다. T.A.P.E 요법의 4단계로
하나님과의 관계를 회복해 보세요.

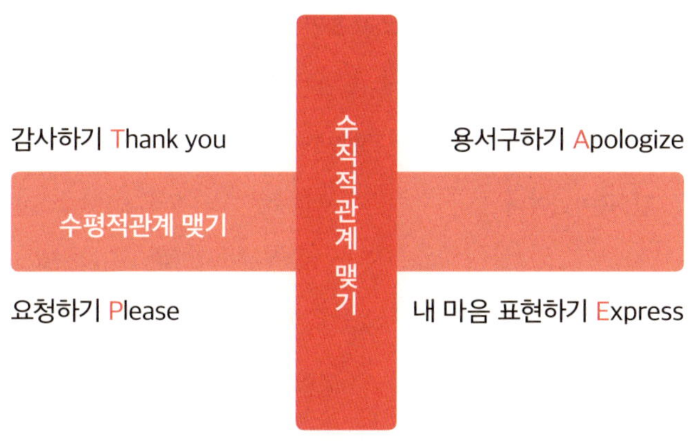

관계맺기의 비밀-TAPE 요법
저작권 등록: 제C-2014-008459

기도

우리기 비록 주의 마음을 모르는 연약한 자들이오나 주의 백성들
을 헐값에 팔아넘기지 마시며 우리를 영원히 버리지 마소서!
이 나라와 민족과 가정과 직장들을 지켜주옵소서. 아멘!

나의 보좌는
영원하단다

시편 45:4, 6 왕의 위엄

4 왕은 진리와 온유와 공의를 위하여 왕의 위엄을 세우시고

병거에 오르소서 왕의 오른손이 왕에게 놀라운 일을 가르

치리이다

6 하나님이여 주의 보좌는 영원하며 주의 나라의 규는 공평

한 규이니이다

성품묵상

이 시는 다른 시편의 모습과는

다른 시의 형태를 띠고 있는

시편 중 이교도 형식의 시라고 말할 수 있습니다.

다른 모든 시는 여호와 하나님께

탄원하고 찬양하고 있는데

유일하게 이 시는 왕을 찬양하고 있습니다.

이 왕의 모습이 훗날 메시아를 의미한다는 해석으로,

성경 속에 채택된 것이라고 볼 수 있습니다.

이 시에서 우리가 찾을 수 있는 귀한 진리는

장차 올 왕의 성품이

진리와 온유와 공의라는 사실입니다.

유일한 참된 진리이시며 사랑으로 다듬어진 온유한 분이

세상을 공의롭게 만드시는 위엄 있는 분이라는 것입니다.

이런 하나님의 보좌는 영원하고,

주의 나라의 규는 공평한 규라고 노래합니다.

규란 왕이 잡고 있는 지팡이로,

재판관이 판결을 내릴 때 방망이로 탕탕탕 치며

판결하는 모습을 연상할 수 있습니다.

우리의 영원한 왕은 바로 예수님이십니다.

예수님의 사랑과 공의의 성품을 찬양합니다.

기도

이 땅을 주의 진리와, 사랑과 공의의 성품으로 다스려 주옵소서.

가만히 있어
내가 하나님 됨을 알지어다

시편 46:1-3, 9-10 왕의 위엄

1 하나님은 우리의 피난처시요 힘이시니 환난 중에 만날 큰
도움이시라

2 그러므로 땅이 변하든지 산이 흔들려 바다 가운데에 빠지
든지

3 바닷물이 솟아나고 뛰놀든지 그것이 넘침으로 산이 흔들릴
지라도 우리는 두려워하지 아니하리로다 (셀라)

9 그가 땅 끝까지 전쟁을 쉬게 하심이여 활을 꺾고 창을 끊으
며 수레를 불사르시는도다

10 이르시기를 너희는 가만히 있어 내가 하나님 됨을 알지어
다 내가 뭇 나라 중에서 높임을 받으리라 내가 세계 중에
서 높임을 받으리라 하시도다

성품묵상

"너희는 가만히 있어 내가 하나님 됨을 알지어다"
여호와 하나님의 말씀입니다.

우리를 두려움과 환란에서 구원해 주심으로
우리를 통하여 영광을 받으실 것이라고 선포하십니다.

그분은 창조주 하나님이십니다.
주 앞에 가만히 있기를 결심하며
내 인생의 주인이심을 인정할 때
그분의 큰 권능으로 새로운 창조가 시작됩니다.

오늘, 우리 인생의 주권이 주께 있음을
인정하는 기도를 드려봅니다.

기도

주님! 가만히 있겠습니다. 애쓰던 모든 것을 내려놓고 아버지가 주
시는 것만 경이로움으로 받겠습니다. 평강 없이 힘쓰던 것들을 주님
발 앞에 조용히 놓겠습니다. 우리 인생을 책임져 주옵소서. 아멘!

*감동적인 성경 말씀을 써보세요.

찬양 받아
마땅하신 분이기에

5 하나님께서 즐거운 함성 중에 올라가심이여 여호와께서 나
  팔 소리 중에 올라가시도다

6 찬송하라 하나님을 찬송하라 찬송하라 우리 왕을 찬송하라

7 하나님은 온 땅의 왕이심이라 지혜의 시로 찬송할지어다

8 하나님이 뭇 백성을 다스리시며 하나님이 그의 거룩한 보
  좌에 앉으셨도다

9 뭇 나라의 고관들이 모임이여 아브라함의 하나님의 백성이
  되도다 세상의 모든 방패는 하나님의 것임이여 그는 높임
  을 받으시리로다

성품묵상

매주 금요일은 'GICS좋은나무기독학교' 전교생을

만나는 날입니다.

다음 세대에게 창조주의 마음을 전하는 소중한 날이지요.

그들에게 말씀을 전하면서

서로 소통하는 사인을 만들었습니다.

제가 "아멘" 하고 큰소리로 외치면

그들은 "할렐루야!" 하고 더 큰소리로 화답합니다.

이때 두 손을 높이 들고 발을 구르며

뛰놀듯 기쁘게 외칩니다.

어렸을 때부터 하나님을 찬양하고 기뻐하는 데

자신의 의지를 드려보는 연습의 시간인 것입니다.

오늘 말씀은 즐거운 함성중에

하나님께서 높임을 받으셨으며,

악기와 지혜의 시로 서로 화답하며

하나님께 찬송하라고 하십니다.

인생의 의미는 있는 힘을 다해

높으신 하나님을 찬양하며 사는 데 있습니다.

오늘도 나의 의지를 여호와 하나님을 찬양하는 데

사용하는 귀한 날 되길 소망합니다.

성품 브리지 Character bridge

① 주를 찬양하는 습관 만들기

② 고난의 광야를 지나갈 때 불평과 두려움보다 방패가
   되신 주를 찬양하는 것을 선택하는 지혜의 성품을 가
   질 수 있도록 기도하세요.

> 지혜란
>
> '내가 알고 있는 지식을 나와 다른 사람들에게
>
> 유익이 되도록 사용할 수 있는 능력'
>
> (좋은나무성품학교 정의)

기도

제가 주님을 찬양하는 것에 더 많은 시간과 의지를 사용하게 하옵
소서. 아멘!

나는 너의
영원한 인도자란다

시편 48:1-3, 9-14 위대한 하나님

1 여호와는 위대하시니 우리 하나님의 성, 거룩한 산에서 극
　진히 찬양 받으시리로다

2 터가 높고 아름다워 온 세계가 즐거워함이여 큰 왕의 성 곧
　북방에 있는 시온 산이 그러하도다

3 하나님이 그 여러 궁중에서 자기를 요새로 알리셨도다

9 하나님이여 우리가 주의 전 가운데에서 주의 인자하심을
　생각하였나이다

10 하나님이여 주의 이름과 같이 찬송도 땅 끝까지 미쳤으며
　주의 오른손에는 정의가 충만하였나이다

11 주의 심판으로 말미암아 시온 산은 기뻐하고 유다의 딸들
　은 즐거워할지어다

12 너희는 시온을 돌면서 그 곳을 둘러보고 그 망대들을 세어
　보라

13 그의 성벽을 자세히 보고 그의 궁전을 살펴서 후대에 전하라

14 이 하나님은 영원히 우리 하나님이시니 그가 우리를 죽을
　때까지 인도하시리로다

성품묵상

이 시는 고라 자손의 찬양 시입니다.

그는 위대한 여호와 하나님을 찬양하며

아름다운 왕이심을 노래하고 있습니다.

고라 자손의 여호와를 향한

개인적인 체험이기에 더욱 소중합니다.

신앙은 하나님을 향한 개인적인 체험에서 시작됩니다.

나와 우리 자손들이

그리고 다음 세대들이

이런 찬양을 드릴 수 있도록

여호와 하나님과의 체험 신앙들이 일어나길 소망해 봅니다.

기도

주님은 위대하시고 놀라우신 우리 인생의 인도자이심을 고백하는

귀한 새날이 되게 하옵소서. 아멘!

나도 모르게
재물을 의지하고 있을 때

시편 49:5-12 멸망하는 짐승 같은 자

5 죄악이 나를 따라다니며 나를 에워싸는 환난의 날을 내가
어찌 두려워하랴

6 자기의 재물을 의지하고 부유함을 자랑하는 자는

7 아무도 자기의 형제를 구원하지 못하며 그를 위한 속전을
하나님께 바치지도 못할 것은

8 그들의 생명을 속량하는 값이 너무 엄청나서 영원히 마련
하지 못할 것임이니라

9 그가 영원히 살아서 죽음을 보지 않을 것인가

10 그러나 그는 지혜 있는 자도 죽고 어리석고 무지한 자도 함
께 망하며 그들의 재물은 남에게 남겨 두고 떠나는 것을
보게 되리로다

11 그러나 그들의 속 생각에 그들의 집은 영원히 있고 그들의
거처는 대대에 이르리라 하여 그들의 토지를 자기 이름으
로 부르도다

12 사람은 존귀하나 장구하지 못함이여 멸망하는 짐승 같도다

성품묵상

오늘 말씀은 인생을 의지하고 사는 사람은

멸망하는 짐승 같으니

허망하게 살지 말고

지혜 있는 인생이 되어야 한다고 가르칩니다.

영원한 것을 사모하며

영원하신 분을 찬양하며 사는 인생 되길 소원합니다.

기도

주님! 지혜가 부귀보다 낫습니다. 영원을 준비하는 지혜로 미래를

준비하게 하소서. 아멘!

하나님을
기쁘시게 하는 삶은

시편 50:14-23 하나님이 원하시는 제사

14 감사로 하나님께 제사를 드리며 지존하신 이에게 네 서원을 갚으며

15 환난 날에 나를 부르라 내가 너를 건지리니 네가 나를 영화롭게 하리로다

16 악인에게는 하나님이 이르시되 네가 어찌하여 내 율례를 전하며 내 언약을 네 입에 두느냐

17 네가 교훈을 미워하고 내 말을 네 뒤로 던지며

18 도둑을 본즉 그와 연합하고 간음하는 자들과 동료가 되며

19 네 입을 악에게 내어 주고 네 혀로 거짓을 꾸미며

20 앉아서 네 형제를 공박하며 네 어머니의 아들을 비방하는도다

21 네가 이 일을 행하여도 내가 잠잠하였더니 네가 나를 너와 같은 줄로 생각하였도다 그러나 내가 너를 책망하여 네 죄를 네 눈 앞에 낱낱이 드러내리라 하시는도다

22 하나님을 잊어버린 너희여 이제 이를 생각하라 그렇지 아니하면 내가 너희를 찢으리니 건질 자 없으리라

23 감사로 제사를 드리는 자가 나를 영화롭게 하나니 그의 행

위를 옳게 하는 자에게 내가 하나님의 구원을 보이리라

성품묵상

하나님이 기뻐하시는 제물은 물질이 아니라

감사하는 삶이고

고난의 시간에 부르짖고 간구하는 태도입니다.

하나님을 기쁘시게 하는 삶은

고난 중에서도 하나님께 감사하고

신뢰하는 마음으로 구할 것을 간구하고

그분을 높이며 그분의 존재를 기뻐하는 태도입니다.

물질보다 감사의 제사를 더 기뻐 받으시는

하나님 아버지를 찬양합니다.

기도

주님! 다른 사람을 헐뜯고 비방하지 말고 돌이켜 감사를 표현하는

사람이 되게 해주세요. 아멘!

새롭게 하소서

시편 51:1-3 ,5-6, 9-12, 14-15, 17 **정직**

1 하나님이여 주의 인자를 따라 내게 은혜를 베푸시며 주의 많은 긍휼을 따라 내 죄악을 지워 주소서

2 나의 죄악을 말갛게 씻으시며 나의 죄를 깨끗이 제하소서

3 무릇 나는 내 죄과를 아오니 내 죄가 항상 내 앞에 있나이다

5 내가 죄악 중에서 출생하였음이여 어머니가 죄 중에서 나를 잉태하였나이다

6 보소서 주께서는 중심이 진실함을 원하시오니 내게 지혜를 은밀히 가르치시리이다

9 주의 얼굴을 내 죄에서 돌이키시고 내 모든 죄악을 지워 주소서

10 하나님이여 내 속에 정한 마음을 창조하시고 내 안에 정직
한 영을 새롭게 하소서

11 나를 주 앞에서 쫓아내지 마시며 주의 성령을 내게서 거두
지 마소서

12 주의 구원의 즐거움을 내게 회복시켜 주시고 자원하는 심
령을 주사 나를 붙드소서

14 하나님이여 나의 구원의 하나님이여 피 흘린 죄에서 나를
건지소서 내 혀가 주의 의를 높이 노래하리이다

15 주여 내 입술을 열어 주소서 내 입이 주를 찬송하여 전파
하리이다

17 하나님께서 구하시는 제사는 상한 심령이라 하나님이여
상하고 통회하는 마음을 주께서 멸시하지 아니하시리이다

성품묵상

이 시는 다윗이 밧세바와 간음하고

그 남편을 암살한 일을 나단 선지자가 고발했을 때

다윗 왕이 자백하며 드린 기도입니다.

깨끗한 마음으로 나를 새롭게 해달라는

다윗의 기도가 우리 마음에도 절실히 다가옵니다.

다윗의 참회에 우리 주님은

'만일 우리가 우리 죄를 자백하면 그는 미쁘시고

의로우사 우리 죄를 사하시며 우리를 모든 불의에서

깨끗하게 하실 것이요'(요일 1:9)라고 응답하십니다.

자백하는 자에게 은혜를 베푸시는

긍휼의 하나님을 찬양합니다.

① 죄책감에서 해방되고 참 자유를 누리며 사는 비결 배우기

② 죄와 허물을 용서하기 원하시는 하나님 아버지의 좋은 성품을 감사하고 누리기

기도

주님! 우리의 연약함을 자백할 때 용서해 주시고 새로운 관계로 회복시켜 주서서 감사합니다. 날마다 거룩한 성령 하나님과 동행하는 삶이 되게 해주시고 정직한 영으로 새롭게 하소서. 아멘!

힘을 내서
일어나렴

시편 52:1-9 하나님을 영원히 의지하는 자

1 포악한 자여 네가 어찌하여 악한 계획을 스스로 자랑하는 가 하나님의 인자하심은 항상 있도다

2 네 혀가 심한 악을 꾀하여 날카로운 삭도 같이 간사를 행 하는도다

3 네가 선보다 악을 사랑하며 의를 말함보다 거짓을 사랑하 는도다 (셀라)

4 간사한 혀여 너는 남을 해치는 모든 말을 좋아하는도다

5 그런즉 하나님이 영원히 너를 멸하심이여 너를 붙잡아 네 장막 에서 뽑아 내며 살아 있는 땅에서 네 뿌리를 빼시리로다 (셀라)

6 의인이 보고 두려워하며 또 그를 비웃어 말하기를

7 이 사람은 하나님을 자기 힘으로 삼지 아니하고 오직 자기 재물의 풍부함을 의지하며 자기의 악으로 스스로 든든하 게 하던 자라 하리로다

8 그러나 나는 하나님의 집에 있는 푸른 감람나무 같음이여 하나님의 인자하심을 영원히 의지하리로다

9 주께서 이를 행하셨으므로 내가 영원히 주께 감사하고 주

의 이름이 선하시므로 주의 성도 앞에서 내가 주의 이름을
사모하리이다

성품묵상

이 시는 에돔 사람 도엑이 사울에게
다윗이 아히멜렉의 집에 갔었다고 고발하여
제사장 85명을 죽이고 다윗을 도운 아히멜렉의 사람들이
어려움을 겪게 될 때 지은 시입니다.

다윗은 사실을 왜곡하는 자는 전능자가
어둠으로 끌고 갈 것이라고 말합니다.
그러나 자신은 하나님의 사랑을
신뢰할 것이라고 노래합니다.

우리도 어지러운 일을 당할 때 슬퍼할 것이 아니라
여호와께 맡기고 친송히며 니이기야 하겠습니다.

기도

주님! 낙심케 하는 일들 때문에 슬퍼할 것이 아니라 선하신 주의
이름을 믿고 의지하는 사람이 되게 하소서. 아멘!

진정한
어리석음은

시편 53:1-6 어리석은 자

1 어리석은 자는 그의 마음에 이르기를 하나님이 없다 하도 다 그들은 부패하며 가증한 악을 행함이여 선을 행하는 자 가 없도다

2 하나님이 하늘에서 인생을 굽어살피사 지각이 있는 자와 하나님을 찾는 자가 있는가 보려 하신즉

3 각기 물러가 함께 더러운 자가 되고 선을 행하는 자 없으니 한 사람도 없도다

4 죄악을 행하는 자들은 무지하냐 그들이 떡 먹듯이 내 백성 을 먹으면서 하나님을 부르지 아니하는도다

5 그들이 두려움이 없는 곳에서 크게 두려워하였으니 너를 대항하여 진 친 그들의 뼈를 하나님이 흩으심이라 하나님 이 그들을 버리셨으므로 네가 그들에게 수치를 당하게 하 였도다

6 시온에서 이스라엘을 구원하여 줄 자 누구인가 하나님이 자기 백성의 포로된 것을 돌이키실 때에 야곱이 즐거워하 며 이스라엘이 기뻐하리로다

성품묵상

세상에서 가장 어리석은 사람은

하나님이 없다고 생각하는 사람입니다.

'과학만이 진리고 증명되는 것만 믿겠다' 하는

무신론자들이 늘어나는 시대입니다.

그러나 세상의 이치를 곰곰이 생각해 보고

하늘과 땅의 모든 현상을 정직하게 볼 수 있으면

세상을 주관하시는 분이 계심을 인정할 수밖에 없습니다.

오늘도 천지를 지으신

창조주를 믿는 믿음으로

선을 행하는 지각 있는 자가 되어

두려운 날에 수치를 당하지 않는

사람들이 되기를 소망합니다.

기도

주님! 여호와 하나님이 유일하시고 살아계신 참 신이심을 선포합
니다. 오늘도 주를 의지하여 승리하는 하루가 되게 하소서. 아멘!

모든 환난에서
건지리라

시편 54:1-7 나를 돕는 이

1 하나님이여 주의 이름으로 나를 구원하시고 주의 힘으로
  나를 변호하소서

2 하나님이여 내 기도를 들으시며 내 입의 말에 귀를 기울이
  소서

3 낯선 자들이 일어나 나를 치고 포악한 자들이 나의 생명
  을 수색하며 하나님을 자기 앞에 두지 아니하였음이니이다
  (셀라)

4 하나님은 나를 돕는 이시며 주께서는 내 생명을 붙들어 주
  시는 이시니이다

5 주께서는 내 원수에게 악으로 갚으시리니 주의 성실하심으
  로 그들을 멸하소서

6 내가 낙헌제로 주께 제사하리이다 여호와여 주의 이름에
  감사하오리니 주의 이름이 선하심이니이다

7 참으로 주께서는 모든 환난에서 나를 건지시고 내 원수가
  보응 받는 것을 내 눈이 똑똑히 보게 하셨나이다

성품묵상

다윗이 사울 왕을 피해 숨어 있을 때
"다윗이 여기 숨어 있다"고 고발하는 사람들이 있었습니다.
이 시는 그런 위급한 때에 쓴 시입니다.

어렵고 다급한 위기의 순간에 다윗은
자신의 기도를 들어달라고 기도하며, 하나님이
자신의 생명을 붙들어 주시는 분임을 노래합니다.

그뿐만이 아니라 하나님은 성품이 선하신 분이기에
그 이름을 감사한다고 노래합니다.

오늘도 그분의 선하심으로 우리를 붙들어 주시는
은혜에 감사하는 귀한 날 되길 소원합니다.

기도

주님! 위급할 때 우리를 돕는 이가 되시며 생명을 붙들어 주시는
분이 되어 주셔서 감사합니다. 영원히 선하신 주의 성품을 의지하
며 사는 주의 자녀가 되게 하옵소서. 아멘!

네 짐을
내게 맡기라

시편 55:1–3, 9–11, 16–19, 22–23 나를 돕는 이

1 하나님이여 내 기도에 귀를 기울이시고 내가 간구할 때에 숨지 마소서

2 내게 굽히사 응답하소서 내가 근심으로 편하지 못하여 탄식하오니

3 이는 원수의 소리와 악인의 압제 때문이라 그들이 죄악을 내게 더하며 노하여 나를 핍박하나이다

9 내가 성내에서 강포와 분쟁을 보았사오니 주여 그들을 멸하소서 그들의 혀를 잘라 버리소서

10 그들이 주야로 성벽 위에 두루 다니니 성 중에는 죄악과 재난이 있으며

11 악독이 그 중에 있고 압박과 속임수가 그 거리를 떠나지
아니하도다

16 나는 하나님께 부르짖으리니 여호와께서 나를 구원하시리
로다

17 저녁과 아침과 정오에 내가 근심하여 탄식하리니 여호와
께서 내 소리를 들으시리로다

18 나를 대적하는 자 많더니 나를 치는 전쟁에서 그가 내 생
명을 구원하사 평안하게 하셨도다

19 옛부터 계시는 하나님이 들으시고 그들을 낮추시리이다 (셀
라) 그들은 변하지 아니하며 하나님을 경외하지 아니함이
니이다

22 네 짐을 여호와께 맡기라 그가 너를 붙드시고 의인의 요동
함을 영원히 허락하지 아니하시리로다

23 하나님이여 주께서 그들로 파멸의 웅덩이에 빠지게 하시
리이다 피를 흘리게 하며 속이는 자들은 그들의 날이 반도
살지 못할 것이나 나는 주를 의지하리이다

성품묵상

믿었던 사람에게 배반 당하여 마음이 낙심될 때,

악인의 억압과 환란에서 고통받을 때,

구원받는 길은

오직 여호와께 간구하여 기도하는 것입니다.

시편 기자는 악한 말을 하면서 분쟁을 만드는 사람들을

멸하여 달라고 자신의 심정을 정확하게 표현하고 있습니다.

기도는 구체적이면서도 친밀하게,

숨기지 않고 말하는 것입니다.

바로 주님과의 신뢰관계에서 나누는 대화입니다.

구체적인 기도로 하나님의 응답을 받는

귀한 날 되길 바랍니다.

성품 브리지 Character bridge

우리 짐을 맡길 수 있는 여호와 하나님께 모든 것을 정직
하게 간구하세요. 정직하게 말씀드릴 때 평안을 누릴 수
있습니다.

> 정직이란,
>
> '어떤 상황에서도 생각, 말, 행동을
>
> 거짓 없이 바르게 표현하여 신뢰를 얻는 것'
>
> (좋은나무성품학교 정의)

기도

주님! 나를 도와주소서. 답답한 상황에 있는 모든 문제 앞에 해결책
을 주옵소서. 저에게 가장 좋은 방법으로 해결해 주옵소서. 아멘!

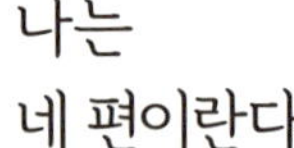

나는
네 편이란다

시편 56:1-4, 8-11 **내가 의지하는 분**

1 하나님이여 내게 은혜를 베푸소서 사람이 나를 삼키려고
종일 치며 압제하나이다

2 내 원수가 종일 나를 삼키려 하며 나를 교만하게 치는 자
들이 많사오니

3 내가 두려워하는 날에는 내가 주를 의지하리이다

4 내가 하나님을 의지하고 그 말씀을 찬송하올지라 내가 하
나님을 의지하였은즉 두려워하지 아니하리니 혈육을 가진
사람이 내게 어찌하리이까

8 나의 유리함을 주께서 계수하셨사오니 나의 눈물을 주의
병에 담으소서 이것이 주의 책에 기록되지 아니하였나이까

9 내가 아뢰는 날에 내 원수들이 물러가리니 이것으로 하나
님이 내 편이심을 내가 아나이다

10 내가 하나님을 의지하여 그의 말씀을 찬송하며 여호와를
의지하여 그의 말씀을 찬송하리이다

11 내가 하나님을 의지하였은즉 두려워하지 아니하리니 사람
이 내게 어찌하리이까

성품묵상

다윗 왕이 가드에서 팔레스타인 사람들에게 잡혀
생명의 위협을 느낄 때 쓴 시입니다.
그는 "내가 주를 의지하고"라는 말을
반복적으로 사용합니다.

주를 의지하여 기도하는 것만이
인생의 무기요, 방패였던 것이죠.
그는 하나님이 내 편이시기에 승리할 수 있다는
확신으로 살았던 어제의 승리자였습니다.
이제 우리도 인생 앞에 있는 두려움을
하나님을 의지하여 뛰어넘는
오늘의 승리자가 되길 소망합니다.

____

____

____

____

기도

주님! 하나님을 의지하여 두려움과 고난을 뛰어넘는 오늘의 승리
자가 되게 하여 주옵소서. 아멘!

너를 위해
이루리라

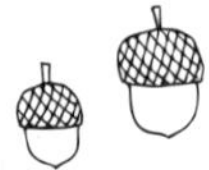

시편 57:1-3, 7-11 모든 것을 이루시는 하나님

1 하나님이여 내게 은혜를 베푸소서 내게 은혜를 베푸소서 내 영혼이 주께로 피하되 주의 날개 그늘 아래에서 이 재앙들이 지나기까지 피하리이다

2 내가 지존하신 하나님께 부르짖음이여 곧 나를 위하여 모든 것을 이루시는 하나님께로다

3 그가 하늘에서 보내사 나를 삼키려는 자의 비방에서 나를 구원하실지라 (셀라) 하나님이 그의 인자와 진리를 보내시리로다

7 하나님이여 내 마음이 확정되었고 내 마음이 확정되었사오니 내가 노래하고 내가 찬송하리이다

8 내 영광아 깰지어다 비파야, 수금아, 깰지어다 내가 새벽을 깨우리로다

9 주여 내가 만민 중에서 주께 감사하오며 뭇 나라 중에서 주를 찬송하리이다

10 무릇 주의 인자는 커서 하늘에 미치고 주의 진리는 궁창에 이르나이다

11 하나님이여 주는 하늘 위에 높이 들리시며 주의 영광이 온
  세계 위에 높아지기를 원하나이다

성품묵상

주께로 피할 수 있음이 감사입니다.

하나님 아버지가 나를

모든 비방과 두려움에서 건지시기 때문입니다.

나를 위하여 모든 것을 이루시는 하나님을 찬양합니다.

우리가 할 수 있는 것은 노래하고

찬양할 것밖에는 없습니다.

하나님이 하늘 위에, 온 세계 위에 영광으로

높이 들리시길 기도합니다.

만민 중에 뭇 나라 중에 높임을 받으실 주님을 찬양합니다.

기도

주님! 온 세계 위에 높아지시고 큰 영광 받으소서. 날마다 주님을
찬양하며 살 것을 마음으로 확정하며 살게 하소서. 아멘!

악인 때문에
억울할 때

시편 58:1-3, 6, 8-9, 11 **공의**

1 통치자들아 너희가 정의를 말해야 하거늘 어찌 잠잠하냐

인자들아 너희가 올바르게 판결해야 하거늘 어찌 잠잠하냐

2 아직도 너희가 중심에 악을 행하며 땅에서 너희 손으로 폭

력을 달아 주는도다

3 악인은 모태에서부터 멀어졌음이여 나면서부터 곁길로 나

아가 거짓을 말하는도다

6 하나님이여 그들의 입에서 이를 꺾으소서 여호와여 젊은

사자의 어금니를 꺾어 내시며

8 소멸하여 가는 달팽이 같게 하시며 만삭 되지 못하여 출생

한 아이가 햇빛을 보지 못함 같게 하소서

9 가시나무 불이 가마를 뜨겁게 하기 전에 생나무든지 불 붙

는 나무든지 강한 바람으로 휩쓸려가게 하소서

11 그 때에 사람의 말이 진실로 의인에게 갚음이 있고 진실로

땅에서 심판하시는 하나님이 계시다 하리로다

성품묵상

정의를 행해야 할 정치가들과

공의롭게 판결해야 할 사회 지도자들이

악을 행하며 거짓을 말하는 사회 구조를

하나님의 심판 앞에 신원합니다.

이 땅의 악행을 참고 보시는

하나님의 길이 참으심이 끝나기 전에,

그들이 회개하고 돌아오길 소망합니다.

악인 때문에 억울할 때

사랑과 공의의

하나님의 성품을 묵상하며 위로를 받아봅니다.

오늘도 주님의 성품을 닮아

선과 악을 분별하는 귀한 날이 되길 기도합니다.

기도

주님! 정의를 무너뜨리는 영향력 있는 지도자들이 주를 두려워하며 회개하게 하소서. 악한 자들이 무너지게 하옵소서. 주님의 공의가 물과 같이 흘러넘치게 하옵소서. 아멘!

나는 너를
긍휼히 여기는 아버지라

시편 59:9–13, 16–17 나의 요새

9 하나님은 나의 요새이시니 그의 힘으로 말미암아 내가 주

　를 바라리이다

10 나의 하나님이 그의 인자하심으로 나를 영접하시며 하나

　님이 나의 원수가 보응 받는 것을 내가 보게 하시리이다

11 그들을 죽이지 마옵소서 나의 백성이 잊을까 하나이다 우리

　방패 되신 주여 주의 능력으로 그들을 흩으시고 낮추소서

12 그들의 입술의 말은 곧 그들의 입의 죄라 그들이 말하는 저

　주와 거짓말로 말미암아 그들이 그 교만한 중에서 사로잡

　히게 하소서

13 진노하심으로 소멸하시되 없어지기까지 소멸하사 하나님

　이 야곱 중에서 다스리심을 땅 끝까지 알게 하소서 (셀라)

16 나는 주의 힘을 노래하며 아침에 주의 인자하심을 높이 부

　르오리니 주는 나의 요새이시며 나의 환난 날에 피난처심

　이니이다

17 나의 힘이시여 내가 주께 찬송하오리니 하나님은 나의 요

　새이시며 나를 긍휼히 여기시는 하나님이심이니이다

사울이 보낸 병사들이 다윗의 거처에 잠복하였을 때
다윗은 두려워하기보다 하나님은 그의 요새시며
피난처이심을 노래합니다.

우리에게 있는 두려운 일 속에서도
하나님은 우리를 보호하는 힘이심을 고백합니다.
오늘도 그분의 보호하심 속에서 안심하면서
"나는 너를 긍휼히 여기는 아버지라"고 말씀하시는
그분을 바라봅니다.

하나님은 나의 요새이시며
나를 긍휼히 여기시는
하나님이심이니이다

기도

주님! 환난 날의 피난처 되심을 감사합니다. 우리를 보호하시는 하
나님의 긍휼하심을 바라며 힘을 내서 살게 하소서. 아멘!

내 오른손으로
너를 구원하마

시편 60:4-5, 11-12 진리의 깃발

4 주를 경외하는 자에게 깃발을 주시고 진리를 위하여 달게

　하셨나이다 (셀라)

5 주께서 사랑하시는 자를 건지시기 위하여 주의 오른손으

　로 구원하시고 응답하소서

11 우리를 도와 대적을 치게 하소서 사람의 구원은 헛됨이니이다

12 우리가 하나님을 의지하고 용감하게 행하리니 그는 우리

　의 대적을 밟으실 이심이로다

성품묵상

진정한 도움은 여호와 하나님께 있습니다.

주를 경외하는 자에게 진리의 깃발을 달게 하시고

구원하시고 응답해 주시는 하나님을 찬양합니다.

사람을 의지하는 것은 허무한 것이기에 하나님만

의지하여 용감하게 행하는 우리가 되길 소망합니다.

하나님 대신 의지하는 것이 있나요? 하나님을 의지하여
용감하게 살기로 결단해 보세요.

나의 결단

기도

주님! 날마다 주의 진리로 깃발을 꽂는 사람이 되게 하소서.
사람을 의지하는 헛된 노력을 버리고 주님만 의지하여 용감하게
달려가는 사람이 되게 하옵소서. 아멘!

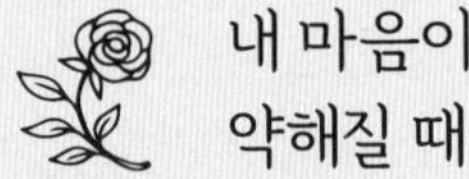

시편 61:1–8 하나님의 보호하심

1 하나님이여 나의 부르짖음을 들으시며 내 기도에 유의하소서

2 내 마음이 약해 질 때에 땅 끝에서부터 주께 부르짖으오리니 나보다 높은 바위에 나를 인도하소서

3 주는 나의 피난처시요 원수를 피하는 견고한 망대이심이니이다

4 내가 영원히 주의 장막에 머물며 내가 주의 날개 아래로 피하리이다 (셀라)

5 주 하나님이여 주께서 나의 서원을 들으시고 주의 이름을 경외하는 자가 얻을 기업을 내게 주셨나이다

6 주께서 왕에게 장수하게 하사 그의 나이가 여러 대에 미치게 하시리이다

7 그가 영원히 하나님 앞에서 거주하리니 인자와 진리를 예비하사 그를 보호하소서

8 그리하시면 내가 주의 이름을 영원히 찬양하며 매일 나의 서원을 이행하리이다

성품묵상

마음이 약해지고 땅끝에 서는 절박한 시간,

주께 부르짖는 것만이 인생의 해답이 된다는

시편 기자의 고백이

우리에게도 동일한 마음입니다.

주는 피난처이시고 견고한 망대이시기 때문입니다.

내 마음이 약해질 때,

내가 주의 장막에 영원히 머물며

주의 날개 아래로 피한다는 노래처럼

오늘도 주님과 동행하며 그 날개 아래로 피하는

귀한 날 되길 소망합니다.

기도

주님! 날마다 나의 피난처가 되어주셔서 감사합니다. 어려울 때마다
힘이 들 때마다 나의 기도를 들어주시는 주님을 찬양합니다. 아멘!

내가 너의
소망이니라

시편 62:1–12 나의 구원이신 하나님

1 나의 영혼이 잠잠히 하나님만 바람이여 나의 구원이 그에
게서 나오는도다

2 오직 그만이 나의 반석이시요 나의 구원이시요 나의 요새이
시니 내가 크게 흔들리지 아니하리로다

3 넘어지는 담과 흔들리는 울타리 같이 사람을 죽이려고 너
희가 일제히 공격하기를 언제까지 하려느냐

4 그들이 그를 그의 높은 자리에서 떨어뜨리기만 꾀하고 거짓
을 즐겨 하니 입으로는 축복이요 속으로는 저주로다 (셀라)

5 나의 영혼아 잠잠히 하나님만 바라라 무릇 나의 소망이 그
로부터 나오는도다

6 오직 그만이 나의 반석이시요 나의 구원이시요 나의 요새이
시니 내가 흔들리지 아니하리로다

7 나의 구원과 영광이 하나님께 있음이여 내 힘의 반석과 피

난처도 하나님께 있도다

8 백성들아 시시로 그를 의지하고 그의 앞에 마음을 토하라

하나님은 우리의 피난처시로다 (셀라)

9 아, 슬프도다 사람은 입김이며 인생도 속임수이니 저울에

달면 그들은 입김보다 가벼우리로다

10 포악을 의지하지 말며 탈취한 것으로 허망하여지지 말며

재물이 늘어도 거기에 마음을 두지 말지어다

11 하나님이 한두 번 하신 말씀을 내가 들었나니 권능은 하나

님께 속하였다 하셨도다

12 주여 인자함은 주께 속하오니 주께서 각 사람이 행한 대로

갚으심이니이다

성품묵상

넘어지는 담과 흔들리는 울타리 같은 사람을

의지하지 말고

오직 여호와만 바라라고 말씀하십니다.

사람을 의지할 때,

실망과 좌절과 혼란스러움의 끝을 보게 됩니다.

우리의 소망과 반석은 여호와이십니다.

모든 권능은 여호와께 속해 있습니다.

오늘도 권능 있는 모습으로 살기 위하여

주께 힘을 받고 그를 의지하고

주께 마음을 쏟는 귀한 날 되길 소원합니다.

나의 영혼아!
잠잠히 하나님만 바라라.
나의 소망이
그로부터 나오는도다!

기도

주님! 잠잠히 하나님만 바라게 하소서. 나의 소망이 여호와 안에 있기 때문입니다. 허망한 인생을 의지하는 것이 아니라 주님만이 나의 요새이시며 반석이심을 고백하면서 흔들림 없는 인생을 살게 하소서. 아멘!

내 영혼이
목마를 때

시편 63:1-4 주를 찬양할 것이라

1 하나님이여 주는 나의 하나님이시라 내가 간절히 주를 찾
되 물이 없어 마르고 황폐한 땅에서 내 영혼이 주를 갈망
하며 내 육체가 주를 앙모하나이다

2 내가 주의 권능과 영광을 보기 위하여 이와 같이 성소에서
주를 바라보았나이다

3 주의 인자하심이 생명보다 나으므로 내 입술이 주를 찬양
할 것이라

4 이러므로 나의 평생에 주를 송축하며 주의 이름으로 말미
암아 나의 손을 들리이다

성품묵상

좋을 때 하나님을 찾기보다

어렵고 힘들 때,

주를 찬양함이 더 큰 은혜입니다.

시편 기자는

물이 없어 마르고 황폐한 땅에서

주를 간절히 찾으며

주를 사모하겠다고 노래합니다.

주님의 인자하심이 영원함을 알기에

그 이름을 찬양하며 손을 들고 송축합니다.

주를 경배하는 자의 소원을

권능으로 이루시는 주님을 찬양합니다.

기도

주님! 고난의 때, 주님의 이름을 송축하고 기뻐하게 하소서! 황폐
한 땅에서 주를 갈망하게 하옵소서. 주님은 이 모든 상황에서도 나
의 하나님이시기 때문입니다. 아멘!

의인은 나로 말미암아
기뻐하리라

시편 64:1-4, 6-10 악을 행하는 자들

1 하나님이여 내가 근심하는 소리를 들으시고 원수의 두려움에서 나의 생명을 보존하소서

2 주는 악을 꾀하는 자들의 음모에서 나를 숨겨 주시고 악을 행하는 자들의 소동에서 나를 감추어 주소서

3 그들이 칼 같이 자기 혀를 연마하며 화살 같이 독한 말로 겨누고

4 숨은 곳에서 온전한 자를 쏘며 갑자기 쏘고 두려워하지 아니하는도다

6 그들은 죄악을 꾸미며 이르기를 우리가 묘책을 찾았다 하나니 각 사람의 속 뜻과 마음이 깊도다

7 그러나 하나님이 그들을 쏘시리니 그들이 갑자기 화살에 상하리로다

8 이러므로 그들이 엎드러지리니 그들의 혀가 그들을 해함이라 그들을 보는 자가 다 머리를 흔들리로다

9 모든 사람이 두려워하여 하나님의 일을 선포하며 그의 행하심을 깊이 생각하리로다

10 의인은 여호와로 말미암아 즐거워하며 그에게 피하리니 마

   음이 정직한 자는 다 자랑하리로다

성품묵상

세상을 보면 힘이 센 사람이 이기는 것 같고,

악이 선을 이기는 것 같은 두려움이 밀려오지만

결국 승리는 여호와 하나님께 있습니다.

하나님이 그들을 치실 때,

갑자기 그들이 패망하는 모습을 보면서

사람들은 깊이 생각하게 되며

하나님이 살아계심을 두려워하게 됩니다.

결국에는 주님의 승리입니다.

여호와께 피하고 의지하는 사람이 이깁니다.

기도

주님! 하나님이 없다고 말하는 저 북한 땅에서도 하나님이 살아계

심을 보게 하소서. 아멘!

내가 너를 택하고
가까이 오게 하였다

시편 65:4-7 주의 뜰에 사는 사람

4 주께서 택하시고 가까이 오게 하사 주의 뜰에 살게 하신 사람은 복이 있나이다 우리가 주의 집 곧 주의 성전의 아름다움으로 만족하리이다

5 우리 구원의 하나님이시여 땅의 모든 끝과 먼 바다에 있는 자가 의지할 주께서 의를 따라 엄위하신 일로 우리에게 응답하시리이다

6 주는 주의 힘으로 산을 세우시며 권능으로 띠를 띠시며

7 바다의 설렘과 물결의 흔들림과 만민의 소요까지 진정하시나이다

성품묵상

주께서 다스리시는 영토에 사는 사람이
복 있는 사람입니다.

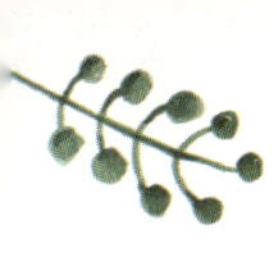

주께서 택하시고

가까이 오게 한 사람이기 때문입니다.

모든 백성이 의지할 대상은 여호와 한 분이시며

그분은 우리가 행한 의를 따라 보상하시고

우리 소원에 응답하시는 분입니다.

주님은

지금도 우리를 위한 산을 세우시며

권능으로 일하십니다.

오늘도 위대한 아버지와

동행하는 아름다움을 놓치지 않는

위대한 소망의 새날이 되길 소원합니다.

기도

주님! 우리가 주님의 집에 거할 수 있어서 만족합니다. 오늘도 우리
들의 인생에 주의 힘으로 산을 세워 주시며 권능으로 띠를 띠어주
소서. 아멘!

너의 영혼을 위해
내가 일한단다

시편 66:1–4, 10–16 나의 영혼을 위하여 행하신 일

1 온 땅이여 하나님께 즐거운 소리를 낼지어다

2 그의 이름의 영광을 찬양하고 영화롭게 찬송할지어다

3 하나님께 아뢰기를 주의 일이 어찌 그리 엄위하신지요 주
의 큰 권능으로 말미암아 주의 원수가 주께 복종할 것이며

4 온 땅이 주께 경배하고 주를 노래하며 주의 이름을 노래하
리이다 할지어다 (셀라)

10 하나님이여 주께서 우리를 시험하시되 우리를 단련하시기
를 은을 단련함 같이 하셨으며

11 우리를 끌어 그물에 걸리게 하시며 어려운 짐을 우리 허리
에 매어 두셨으며

12 사람들이 우리 머리를 타고 가게 하셨나이다 우리가 불과
물을 통과하였더니 주께서 우리를 끌어내사 풍부한 곳에
들이셨나이다

13 내가 번제물을 가지고 주의 집에 들어가서 나의 서원을 주
께 갚으리니

14 이는 내 입술이 낸 것이요 내 환난 때에 내 입이 말한 것이
니이다

15 내가 숫양의 향기와 함께 살진 것으로 주께 번제를 드리며
수소와 염소를 드리리이다 (셀라)

16 하나님을 두려워하는 너희들아 다 와서 들으라 하나님이
나의 영혼을 위하여 행하신 일을 내가 선포하리로다

성품묵상

주께서 우리를 시험하시는 이유는
우리를 망하게 하시려는 것이 아니라,
은을 단련함 같이
견고한 사람이 되게 하시려는 것입니다.

불과 물을 통과하듯 다 견뎌 나가면
주께서 우리를 풍부한 곳으로 인도하십니다.

주님은 언제나 선하신 사랑의 아버지시기에
오늘도 신뢰하며 그 길을 갈 수 있습니다.

나의 영혼을 위해 행하신 놀라운 일들을
선포하며 한 걸음 한 걸음 나아갈 때,
여호와의 이름을 즐거워 할 수 있습니다.

성품 브리지 Character bridge

은을 단련함 같이 나를 다루시는 하나님 아버지의 숨은 계획을 찾아보세요. 현재를 기뻐할 수 있는 힘이 생긴답니다.

기쁨이란,

어려운 상황이나 형편 속에서도

불평하지 않고 즐거운 마음을 유지하는 태도

(좋은나무성품학교 정의)

기도

주님! 오늘의 힘들고 괴로운 일들을 잘 견디고 나아가게 하옵소서. 잘 통과하여 주께 영광을 돌리는 사람이 되게 하옵소서. 아멘!

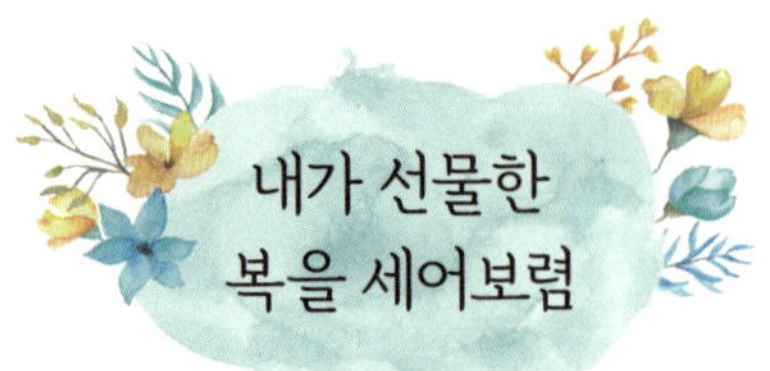

시편 67:1-7 하나님의 은혜

1 하나님은 우리에게 은혜를 베푸사 복을 주시고 그의 얼굴
빛을 우리에게 비추사 (셀라)

2 주의 도를 땅 위에, 주의 구원을 모든 나라에게 알리소서

3 하나님이여 민족들이 주를 찬송하게 하시며 모든 민족들이
주를 찬송하게 하소서

4 온 백성은 기쁘고 즐겁게 노래할지니 주는 민족들을 공평
히 심판하시며 땅 위의 나라들을 다스리실 것임이니이다
(셀라)

5 하나님이여 민족들이 주를 찬송하게 하시며 모든 민족으로
주를 찬송하게 하소서

6 땅이 그의 소산을 내어 주었으니 하나님 곧 우리 하나님이
우리에게 복을 주시리로다

7 하나님이 우리에게 복을 주시리니 땅의 모든 끝이 하나님
을 경외하리로다

성품묵상

추수 감사의 계절이 오면

모든 성도가 감사 찬양을 드리는 것처럼

이 노래는

추수감사절에 드리는 다윗의 찬양 시입니다.

여호와는 우리에게 복을 주시는 분이기에

땅끝의 모든 민족이 나아와

여호와를 경외한다고 노래합니다.

우리를 구원해 주신 것이 첫 번째 감사요,

한 해 동안 복을 주시며

모든 소산물을 통해

풍성한 기쁨을 주신 것이 감사입니다.

기도

주님! 우리를 구원해 주시고 복을 주시는 아버지가 되어주셔서 감
사합니다. 땅 끝의 모든 민족이 여호와를 찬양하고 경외하게 하소
서. 아멘!

날마다
너의 짐을 져주리라

시편 68:19-21, 28-29, 32-35 구원의 하나님

19 날마다 우리 짐을 지시는 주 곧 우리의 구원이신 하나님을
   찬송할지로다 (셀라)

20 하나님은 우리에게 구원의 하나님이시라 사망에서 벗어남
   은 주 여호와로 말미암거니와

21 그의 원수들의 머리 곧 죄를 짓고 다니는 자의 정수리는
   하나님이 쳐서 깨뜨리시리로다

28 네 하나님이 너의 힘을 명령하셨도다 하나님이여 우리를
   위하여 행하신 것을 견고하게 하소서

29 예루살렘에 있는 주의 전을 위하여 왕들이 주께 예물을
   드리리이다

32 땅의 왕국들아 하나님께 노래하고 주께 찬송할지어다
   (셀라)

33 옛적 하늘들의 하늘을 타신 자에게 찬송하라 주께서 그
   소리를 내시니 웅장한 소리로다

34 너희는 하나님께 능력을 돌릴지어다 그의 위엄이 이스라엘
   위에 있고 그의 능력이 구름 속에 있도다

35 하나님이여 위엄을 성소에서 나타내시나이다 이스라엘의
   하나님은 그의 백성에게 힘과 능력을 주시나니 하나님을
   찬송할지어다

성품묵상

날마다 우리 짐을 져 주시는 분이
있다는 말만 들어도 힘이 납니다.
홀로 가는 인생이 아니기에 감사이고 기쁨입니다.
그분은 우리를 사망에서 구원해 주시는 권능자이십니다.

그 하나님이 오늘 우리에게 힘내라고 명령하시며
우리가 행하는 모든 일을 견고하게 하십니다.
날마다 우리 짐을 지시는 하나님의 좋으신 성품을
묵상하고 힘내서 살아가길 다짐해 봅니다.

기도

주님! 날마다 우리 짐을 져주셔서 감사합니다! 죽음 같은 골짜기와
험한 인생 속에서 날마다 구원자가 되어주시고, 힘과 능력을 주셔
서 견고한 인생을 살게 해주셔서 감사합니다! 오늘도 힘내서 살며
영광 돌리는 귀한 날이 되게 하소서. 아멘!

날 찾는 자의
마음을 다시 살리리라

시편 69:3, 6, 29-32 하나님을 찬양하는 사람

3 내가 부르짖음으로 피곤하여 나의 목이 마르며 나의 하나
님을 바라서 나의 눈이 쇠하였나이다

6 주 만군의 여호와여 주를 바라는 자들이 나를 인하여 수
치를 당하게 하지 마옵소서 이스라엘의 하나님이여 주를
찾는 자가 나로 말미암아 욕을 당하게 하지 마옵소서

29 오직 나는 가난하고 슬프오니 하나님이여 주의 구원으로
나를 높이소서

30 내가 노래로 하나님의 이름을 찬송하며 감사함으로 하나
님을 위대하시다 하리니

31 이것이 소 곧 뿔과 굽이 있는 황소를 드림보다 여호와를 더
욱 기쁘시게 함이 될 것이라

32 곤고한 자가 이를 보고 기뻐하나니 하나님을 찾는 너희들
아 너희 마음을 소생하게 할지어다

성품묵상

"하나님을 찾는 사람들아!
너희 마음을 소생하게 할지어다!"
오늘 우리에게 주신 말씀입니다.

절망감, 두려움과 슬픔이
우리를 삼키지 못하도록
주께 바라고 그 응답을 기다리는
삶을 살아야겠습니다.

우리가 힘들 때 부르는 찬양과 감사를
황소를 드리는 제사보다
하나님은 더 기뻐 받으십니다.

기도

주님! 오늘도 기쁨으로 찬양하고 감사하는 새날 되게 하소서. 아멘!

나를
찾는 자가 되렴

시편 70:1-5 하나님을 찾는 자

1 하나님이여 나를 건지소서 여호와여 속히 나를 도우소서

2 나의 영혼을 찾는 자들이 수치와 무안을 당하게 하시며 나
의 상함을 기뻐하는 자들이 뒤로 물러가 수모를 당하게 하
소서

3 아하, 아하 하는 자들이 자기 수치로 말미암아 뒤로 물러가
게 하소서

4 주를 찾는 모든 자들이 주로 말미암아 기뻐하고 즐거워하
게 하시며 주의 구원을 사랑하는 자들이 항상 말하기를 하
나님은 위대하시다 하게 하소서

5 나는 가난하고 궁핍하오니 하나님이여 속히 내게 임하소서
주는 나의 도움이시요 나를 건지시는 이시오니 여호와여
지체하지 마소서

성품묵상

다윗은 자신을 조롱하고

자신의 생명을 찾는 자들과는 반대로

여호와 하나님을 간절히 찾고 있습니다.

자신의 문제를 해결해 주실 유일한 분이

누구인지 알고 있었기 때문입니다.

그들과 맞서 싸우지 않고

자신을 대신해서 처리해 주실 것을

하나님께 간구하고 있습니다.

억압 속에서 자신을 지키는 지혜로운 방법으로

영원한 도움이 되시는 그분께

기도하는 것을 선택한 다윗.

우리도 다윗 같은 자녀가 되길 소망합니다.

기도

주님! 날마다 우리의 도움이 되시는 주님이심을 찬양합니다. 주를
찾는 모든 사람이 주님으로 인해 기뻐하고 즐거워하게 하옵소서.
아멘!

내가 너를
택하였단다

시편 71:1, 3-6, 9, 12, 14-15, 17-18, 21 **평생을 지키시는 하나님**

1 여호와여 내가 주께 피하오니 내가 영원히 수치를 당하게

하지 마소서

3 주는 내가 항상 피하여 숨을 바위가 되소서 주께서 나를

구원하라 명령하셨으니 이는 주께서 나의 반석이시요 나의

요새이심이니이다

4 나의 하나님이여 나를 악인의 손 곧 불의한 자와 흉악한 자

의 장중에서 피하게 하소서

5 주 여호와여 주는 나의 소망이시요 내가 어릴 때부터 신뢰

한 이시라

6 내가 모태에서부터 주를 의지하였으며 나의 어머니의 배에

서부터 주께서 나를 택하셨사오니 나는 항상 주를 찬송하

리이다

9 늙을 때에 나를 버리지 마시며 내 힘이 쇠약할 때에 나를 떠나지 마소서

12 하나님이여 나를 멀리 하지 마소서 나의 하나님이여 속히 나를 도우소서

14 나는 항상 소망을 품고 주를 더욱더욱 찬송하리이다

15 내가 측량할 수 없는 주의 공의와 구원을 내 입으로 종일 전하리이다

17 하나님이여 나를 어려서부터 교훈하셨으므로 내가 지금까지 주의 기이한 일들을 전하였나이다

18 하나님이여 내가 늙어 백발이 될 때에도 나를 버리지 마시며 내가 주의 힘을 후대에 전하고 주의 능력을 장래의 모든 사람에게 전하기까지 나를 버리지 마소서

21 나를 더욱 창대하게 하시고 돌이키사 나를 위로하소서

성품묵상

어릴 때부터 지금까지

하나님은 신뢰할 만한 분이셨다고 다윗은 고백합니다.

자신이 늙고 힘이 약할 때에도 떠나시지 말 것을

그는 간구합니다.

소망을 품고 더욱 주님을 찬송하겠다고 결단하면서

늙어 백발이 되어 주의 권능을 후대에 전하기까지

버리지 말 것을 간구하는

다윗의 기도가

오늘 우리의 기도가 됩니다.

다윗의 기도를 듣고, 그를 더욱 창대케 하시고

긍휼을 베푸신 하나님을 찬양합니다.

기도

주님! 어릴 때부터 신뢰할 만한 분이 되어주셔서 감사합니다.

지금부터 백발이 되어 주의 권능을 후대에 전하기까지

제 인생도 지켜주시고 창대케 하옵소서. 아멘!

*감동적인 성경 말씀을 써보세요.

내 이름은
영원하단다

시편 72:1-7, 17-19 아들을 위한 간구

1 하나님이여 주의 판단력을 왕에게 주시고 주의 공의를 왕

  의 아들에게 주소서

2 그가 주의 백성을 공의로 재판하며 주의 가난한 자를 정의

  로 재판하리니

3 의로 말미암아 산들이 백성에게 평강을 주며 작은 산들도

  그리하리로다

4 그가 가난한 백성의 억울함을 풀어 주며 궁핍한 자의 자손

  을 구원하며 압박하는 자를 꺾으리로다

5 그들이 해가 있을 동안에도 주를 두려워하며 달이 있을 동

  안에도 대대로 그리하리로다

6 그는 벤 풀 위에 내리는 비 같이, 땅을 적시는 소낙비 같이
내리리니

7 그의 날에 의인이 흥왕하여 평강의 풍성함이 달이 다할 때
까지 이르리로다

17 그의 이름이 영구함이여 그의 이름이 해와 같이 장구하리
로다 사람들이 그로 말미암아 복을 받으리니 모든 민족이
다 그를 복되다 하리로다

18 홀로 기이한 일들을 행하시는 여호와 하나님 곧 이스라엘
의 하나님을 찬송하며

19 그 영화로운 이름을 영원히 찬송할지어다 온 땅에 그의 영
광이 충만할지어다 아멘 아멘

성품묵상

아버지 다윗이

자기 아들 솔로몬을 위하여

하나님께 간구하는 기도문입니다.

솔로몬이 큰 부귀와 영화가 아닌

주께 받은 지혜로운 판단력으로

백성들을 공의롭게 다스리게 해달라고 기도하는

아버지 다윗의 마음이 위대해 보입니다.

해가 있을 때도 주를 두려워하고

달이 있을 동안에도 대대로 그리하라고 당부하는

아버지 다윗왕의 기도가

우리가 사는 시대에도 간절합니다.

이 기도가 우리 자녀들을 위한 기도가 되길 소원합니다.

기도

주님! 다윗처럼 기도하는 부모가 되게 하옵소서. 우리 자녀들에게
주님이 주신 지혜로운 판단력이 넘치게 하시고 주를 두려워하며
의롭게 살게 하시고 평강이 넘치고, 여호와를 영원히 찬양하며 사
는 사람이 되게 하소서. 아멘!

순종이 어려운 것은
하나님 말씀보다
내 생각과 계획이
그럴듯해 보이기 때문입니다.

그러나 말씀대로 살지 않는 것은
말씀대로 사는 것보다
더 어렵다는 것을 알아야 합니다.

_ 이영숙의 〈성품묵상집-순종〉 중에서